数字政府与公共管理研究

刘　山◎著

中国商业出版社

图书在版编目（CIP）数据

数字政府与公共管理研究 / 刘山著. -- 北京 : 中国商业出版社, 2024. 10. -- ISBN 978-7-5208-3193-2

Ⅰ. D035-39

中国国家版本馆 CIP 数据核字第 2024X737N9 号

责任编辑：袁　娜

中国商业出版社出版发行

（www.zgsycb.com　100053　北京广安门内报国寺 1 号）

总编室：010-63180647　编辑室：010-83128926

发行部：010-83120835/8286

新华书店经销

武汉市卓源印务有限公司印刷

*

710 毫米 ×1000 毫米　16 开　6.25 印张　100 千字

2024 年 10 月第 1 版　2024 年 10 月第 1 次印刷

定价：68.00 元

****

作者简介

刘山，男，南京师范大学教育学硕士，现任中共淮安市委党校周恩来研究中心副主任、讲师，研究方向为公共管理与公共政策。独立承担、主持或参与完成省、市社科基金项目课题等多项并获奖。

前　言

数字政府是政府运用数字技术，如各种智能终端、移动网络通信、人工智能等现代信息技术，在政务服务、经济发展、社会治理、生态保护等领域广泛获取信息、科学处理信息、充分利用信息，推动政府形成“用数据说话、用数据决策、用数据管理、用数据创新”的现代化治理模式。这是行政领域的一场广泛而深刻的变革，是推进政府治理现代化的必由之路。数字政府作为数据治理阶段的新模式，需要加强基础理论的研究，明确数字政府的内涵与边界，梳理数字政府的发展体系和历程，加快总结国内外数字政府建设的经验与面临的挑战，并探讨数字政府未来的运行模式，通过数字政府建设，推动政府转型，全面推动经济社会各领域的数字化、智能化建设。在数字化时代，互联网已成为人们生活的必需品，也在一定程度上改变了政府治理的方式。公共管理是一个涉及众多学科的重大理论与实践领域。推进国家治理体系和治理能力现代化，急需公共管理特别是政府治理、公共政策的前瞻研究和创新实践。在传统的公共管理模式不再适应快速变化的环境下，政府需要运用互联网技术来提高公共管理的效率和质量。

本书主要阐述了数字政府与公共管理的概念与内涵。首先概述了数字政府的基本内容；其次分析了数字政府的特征、探索了数字政府的理论与建构、分析了数字时代政府公共管理的策略；最后从多维的角度讨论了数字政府与公共管理的关系等内容。

本书逻辑条理清晰，结构安排合理，内容全面翔实，层层递进展开，符合读者的阅读和学习习惯，有助于读者理解数字政府治理的相关理论和实践等知识。本书的内容具有一定的前瞻性，具有较好的理论意义和现实意义，可供高等院校和科研院所政治学类、公共管理类以及相关学科专业使用。

CONTENTS

目录

第一章　数字政府的概述

第一节　数字政府的背景及内涵

一、数字政府的基本概念

（一）数字政府的概念

数字政府，即政府通过数字化思维、数字化理念、数字化战略、数字化资源、数字化工具和数字化规则等提供优质的政府服务、提高公众服务的满意度，这是一种新型政府管理和服务形态，其核心目标在于推进以公众为中心的公共服务，基于信用管理，充分挖掘数据资源，提高管理效率，改善服务体验，促进公众与政府的良性互动，实现政府的社会公共服务价值。数字政府是信息社会实现政府善治的新思路。

数字政府的一个重要趋势就是推行以公众为中心的发展理念，注重为公众提供定制化、个性化、便捷化的服务，并且这种服务模式的创新正在改变公共部门的运行方式。数字政府是从政府组织优化、资源配置方式、政府治理能力等角度进行规划建设的新系统工程，是电子政务发展的新趋势，是发展理念的创新、发展模式的升级，主要体现在以下五个方面。

1. 数字政府的目标是更好地提供服务

以公众在民主、法治、公平、正义、安全、环境等方面的实际需求为出发点，通过体制机制创新，充分发挥新一代信息技术优势，清除公共管理服务过程中不符合发展要求的各种障碍，以推动政府治理模式的全面升级。因此，打造数字政府要聚焦服务模式创新，不断优化服务流程，打造完善的公共服务体系，为公众提供良好的生活环境与发展空间，使公众充分享受数字政府建设成果，不断提升公众幸福指数。

2. 数字政府以信息技术为支撑

数字政府将按照数字化、数据化、智能化、智慧化的演变规律与发展路径，实现层级式优化完善，不断推动政府运行体系的转型升级与融合创新。这是政府在信息社会环境下主动做出改变和被动接受外部压力共同作用的结果。针对政府的数字化改造、数据化管理、智能化运行、智慧化共治，使政府运行环境发生根本性改变，促进了平台型、数据型、开放型、服务型政府的全面发展。推动数字政府发展演进，需要以政务信息资源整合共享为切入点，加强政府数据资产管理，积极构建政府数据治理体系，提高政府数据运营水平，增强政府管理与决策能力。

3. 数字政府是实体政府数字化、虚拟化的结果

数字政府在某种程度上是建立一个相对实体政府而言的虚拟政府。虚拟政府是网络空间的一种组织形态，通过组织扁平化、业务协同化、服务智能化等方式，以及与实体政府的有效衔接与相互驱动，打造一种新型政府运行模式。当然，如何推动政府虚拟化，哪些环节需要虚拟化，虚拟化之后能带来哪些价值等都需要实践探索。从目前实际情况来看，主要可以通过推动实物虚拟化、人员虚拟化、组织虚拟化、服务虚拟化等，减少实体政府的一些环节，不断优化服务流程，如无纸化办公、数字公民与数字公务员、组织架构虚拟化、网上服务与移动服务等。

4. 数字政府是政府运行模式的升级

新一代信息技术的广泛应用，将在网络空间重新构建一个扁平化、分布式的虚拟政府，促进政府体制机制创新，不断优化改进科学层级的运行模式，全面提高政府运行效率。加快数字政府建设步伐，重点在于促进跨地域、跨部门、跨层级信息共享，以数据流驱动业务流、服务流，进一步优化、再造政务服务及相关业务流程，利用大数据全面固化、流程化政府权力运行过程，切实改变传统运行模式。同时，充分发挥信息技术优势，不断打破时间和地域上的限制，使个性服务、主动服务、精准服务等逐步成为现实，从此实现公共管理与服务的智能化、精准化、共享化，进而不断促进政府治理模式的现代化。

5. 数字政府是一种在新的法律法规、标准规范、合作模式等环境下运行的新型组织

目前，随着以大数据为核心的信息化新阶段的到来，数字政府建设运营的复杂度增加、专业性增强，需要进一步厘清政府、企业、公众的角色定位，积极吸

引具有创新性的企业参与建设运营。第一，加强"管运分离"，强化政府管理协调者的角色，将运营工作交给企业，充分发挥企业在资金、技术、人才等方面的优势；第二，大力推动政府数据开放，加强政府与社会数据融合，鼓励企业参与政府数据开发利用，进一步提高公共管理与服务水平；第三，加强公共管理服务资源共享，充分利用政府公共服务平台具有的部分商业属性与企业商业平台公共属性相互延伸的特点，创新运营模式，形成共建共享生态体系，全面提升数字政府建设价值。

（二）数字政府的特征

在信息时代，信息传播和信息交换正在快速取代传统资本流动和物品交换而成为新的社会驱动力量。凭借信息技术，人们的社会互动正取代等级结构作为社会组织形式的主导地位，数据和信息不但已在整个社会层面开始分享和传播，就连"权力"和"权威"也日趋支离破碎为各种"去组织化""去中心化"的网络化社会运动；有关社会公共问题的治理协商已不再仅集中于精英内部的激烈辩论和民意代表之间的唇枪舌剑，普通民众通过自己的移动终端和社交工具也日趋深入参与其中。

决策的本质越来越偏离传统的"理性抉择"与"精英共识"，越来越滑向社会网络中的多变量扰动与信息聚合。显而易见，社会形态的改变使每个人的决策根植于更宽广的社会信息网络之中，使每个人成为整个社会决策的有机组成部分；有关社会运行管理的政策产出越来越体现为不同民意之间的妥协而不是精英之间的共识。

具体而言，数字社会是一种全新的社会形态，数字政府作为一种新型国家治理方式，其主要特征体现在以下四个方面。

1. 信息传播的平等化

在社会生活中信息的生产与流动不再局限于精英之间，而是每个具备一定信息技术能力的社会个体都可以成为信息的生产者、传播者和消费者，从而使得知识和信息资源有可能在社会全体成员之间自由流动，这也使得有关社会公共问题的治理走向多主体参与和多主体协商。

2. 社会生活的全面"数据化"

由于信息采集技术的进步和信息存储成本的降低，社会生活越来越具有高频互动性，同时人们的日常行为也越来越具有可记录性、可监测性和可预测性，人正在成为一切数据足迹的总和，人们的一切行为都以数据的形式被记录、被储存和被处理。

3. 政府服务的“智能化”与“精准化”

政府各部门数据日趋融通、开放和具有可计算性，使政府服务由以前粗放式管理转向针对具体个人、具体问题的精准化治理，从而提高问题的处理效率。①

4. 政府治理的“智慧化”

传统的农业社会和工业社会的政府职能主要以统计管理为主，目标是为统治者和精英决策层提供决策数据与信息支撑，而信息社会的政府职能则以数据融通和提供智慧服务为主，着力解决信息碎片化、应用条块化、服务割裂化等问题，确保信息数据在政府与社会、市场及公民之间畅通，以更好地提供基于个性化的政府服务，并通过信息化推进国家治理体系和治理能力现代化。

二、数字化浪潮扑面而来

（一）历史方位指向

数字时代是信息革命的产物。进入21世纪，在信息革命的深刻影响下，人类社会迈入第四次工业革命，云计算、大数据、人工智能、区块链、量子计算等新兴科技驱动人类社会快速数字化转型。前三次工业革命一方面引领信息技术的快速发展，另一方面也促进政府形态的不断变革。我国在前三次工业革命期间始终处于“追赶”“学习”和“跟跑”的状态，在第四次工业革命中则表现出强烈的“中国印记”和“中国声音”。我国积极参与第四次工业革命的技术变迁进程，以推动新基建为契机，敢于啃硬骨头，坚持自立自强，在部分关键领域实现了从“跟跑”到“并跑”甚至“领跑”。

四次工业革命分别经历了机械化、电气化、信息化、数字化四个阶段。世界经济论坛创始人兼执行主席克劳斯·施瓦布在《第四次工业革命》一书中写道，第四次工业革命将产生极其广泛而深远的影响。如果第四次工业革命的技术能力能够配以适当的制度标准和规范，全球民众就能生活得更自由、更健康，获得更高的教育水平，有更多追求理想生活的机会。

随着第四次工业革命的来临，数字时代不仅正在改变信息革命时代人类的经济社会发展态势和人们的生产生活方式，也在改变国家的行政决策、行政执行、

① 鲍静．数字政府治理 [M]. 北京：高等教育出版社，2024.

行政组织和行政监督模式，进而深刻影响着国家治理体系和治理能力的提升。推动政府数字化转型，加快建设数字政府的新发展理念是主动顺应数字时代潮流的客观要求，回应了国家行政管理在新时代按照党和国家决策部署推动经济社会发展、管理社会事务、服务人民群众的重大职责等方面发生的新变化，是符合历史潮流和科学判断的。

（二）让数据成为生产力

在大数据时代，数据逐渐演化成为一种生产资料，数据资源作为生产力的角色，对人类社会发展的重大意义显而易见。可见，正确理解大数据的重要意义，对各级领导干部而言不是“可选项”，而是提升治理能力的“必选项”。如何把数据资源的潜能充分挖掘出来，是考验领导干部能力的“试金石”。

三、数字时代政府运行新形态

（一）数字化蓝图：一体化发展

1. 始终坚持党的全面领导

中国特色社会主义制度的最大优势是中国共产党的领导。数字政府建设首先要以坚持党的集中统一领导为统领，以强化政府主导作用为关键，以更好动员社会组织和公众共同参与为支撑。这是保证数字政府建设效能的根本政治保障。其实，数字政府顶层设计的要义就在于全方位注重完善体制机制、强化部门协同、打通数据壁垒、优化业务流程、提升治理效能，既为各部门数字化转型提供有益借鉴，又能强化在党的领导下国家治理的整体性和协同性。不难看出，数字政府概念的提出正是对国家整体性治理的本土化回应。

2. 与经济社会数字化转型同频共振

数字政府是数字中国的重要组成部分，也是后者建设成效的“牛鼻子”。在这个意义上，数字政府无法也不能脱离经济社会运行的大环境。一方面，经济领域数字化转型起步最早、成效最显著、辐射性最强。如经济数字化转型中日臻成熟的技术中台、业务中台、数据中台逐渐成为数字政府的标配。也就是说，数字政府建设不是源于一张白纸，技术嵌入、数据赋能、业务升级及政策创新都需要数字经济生态建构的理念。另一方面，政府数字化转型中塑造的政策体系、技术体系、协同体系、法律体系等也为经济和社会数字化转型提供了即插即用的效果。

在这个意义上，数字政府可视为全域数字化的一个缩影。

（二）数字化履职：协同化治理

构建协同有效的政府数字化履职能力体系，需要做好四方面功课。一是要认识到数字化改革和数字化转型是基本动能。从目前来看，面对数字化转型，一些地方领导干部陷入了“不想转、不敢转、不会转”等困境。不想转，就是甘于现状，不思进取；不敢转，就是瞻前顾后，唯恐出错；不会转，就是本领恐慌，能力不足。二是要注重集约建设。数字政府不是另起炉灶，而是在各级政务部门已有的信息化基础上的升级版工程，是已有电子政务的2.0版。要注重数字政府建设一盘棋发展，杜绝传统的碎片化无序建设。要建好自己的“盆景”，更要形成一道道“风景”。三是要注重互联互通和业务协同。互联互通难、数据共享难、业务协同难，这是传统电子政务面临的“三座大山”，也是数字政府建设的“拦路虎”。数字政府建设，要立新，更要破旧。要注重强化系统观念，统筹推进技术融合、业务融合、数据融合，提高跨层级、跨地域、跨系统、跨部门、跨业务的协同管理和服务水平。四是要聚焦于政府职能。政府数字化履职能力体系，是政府履行经济调节、市场监管、社会管理、公共服务、生态环境保护等方面职能在数字化条件下在数字世界中的映射。除此之外，还要处理好政府数字化与党委部门、其他部门以及经济社会数字化转型的深度融合。

（三）数字化服务：个性化供给

数字化服务，即目前政策体系中的“互联网+政务服务”，已成为“放管服”改革的“传感器”、转变政府职能的“耦合器”、提高审批服务质量的“加速器”和政府形象的“显示器”。数字政府建设，一头连着党和政府，一头连着企业和群众，在波澜壮阔的数字化浪潮中始终把满足人民群众对美好生活的向往作为出发点和落脚点。找准小切口，下足细功夫，将使人民群众的获得感、幸福感、安全感更加充实、更有保障、更可持续。如北京、山东等地推出“政策兑现服务”，利用大数据、人工智能实现了政策服务“千人千面”，为各类应用场景提供用户分类、个性画像、政策画像，搭建起企业和群众与服务事项、政策的桥梁，将传统的“人找服务”变为“主动推送”“人找政策”变为“政策找人”，便民利民惠民已成为数字政府建设的主旋律。再比如，政务服务的“一网通办”“一站通办”“跨省通办”，就是运用信息技术，以企业投资生产经营、群众工作生活最直接、最迫切需要的政务服务事项为重点，打破经济高质量发展的体制机制瓶颈，打造泛在可及、智慧便捷、公平普惠、全国通办的数字化服务体系，让百姓少跑腿、数据多跑路，加快营造稳定公平透明可预期的营商环境，为建成全国统一大市场助力赋能。数字政府建设不能搞花架子，更不能眉毛胡子一把抓，而是要善于抓住关乎民生的最重要、最直接、最尖锐的现实问题。事实证明，数字政府建设要始终指向老百姓的现实关切，话要说到心坎里，劲要使到点子上。切实以政府部门的“辛苦指数”，换取企业和群众的“满意指数”，让“以人民为中心”的价值取向落地生根。只有这样，人民群众才能从心底点赞叫好。

（四）数字化配置：全域化赋能

数据要素是数字政府有序运转的“润滑剂”。作为与土地、劳动力、资本、技术等并列的生产要素，数据已成为数字化转型中的战略资源，在数字政府建设发展中起着不可或缺的作用。

1. 数据共享开放流通

共享是指政府部门根据履职需要将数据在政府部门或公共部门间认证和交互。比如，在各地开展的政务服务“一件事”套餐改革中，办理企业登记就需要集成市场监管、税务、统计、人社、银行等不同部门的数据。数据开放则侧重将数据以某种可机读格式提供给社会组织和企业。据统计，目前 80% 的数据资源掌握在各级政府部门手中，如任由其沉睡在大数据中心或机柜中，无疑会造成资源的巨大浪费。从已有进展看，数据开放前期的重点是推动平台建设，但总体来看，先前的开放运动并没有实现充分激活数据潜能的初衷。

2. 数据和技术深度融合

一方面，激活数据潜能，离不开技术嵌入。比如，以区块链为代表的新兴技术改变了传统的多层级共享模式，通过去中心化的虚拟网络提供了基于信用关系的共享范式。站在新风口的区块链扮演了重塑生产关系新动能的角色，有望对传统行政模式产生颠覆性的深远影响，即经济学家熊彼特所谓的“创造性破坏”。另一方面，领导干部要主动顺应信息技术发展浪潮，拓宽视野，解放思想，积极主动地因势而谋、应势而动、顺势而为，在数字政府建设中抓住先机，开拓新局。

第二节　数字政府发展历程

改革开放40多年来，信息化浪潮波澜壮阔，国家相关部门牢牢把握经济、社会和信息技术的发展趋势，在数字政府的建设和管理方面总体规划、科学统筹，作出了一系列制度化安排，数字政府建设在发展环境、基础网络设施、网站建设、应用系统、数据治理、标准规范等诸多方面取得了长足进展。同时，我国数字政府在不同发展阶段也呈现了不同的特点。

一、数字政府酝酿发展

党的十八大以来，我国政府积极顺应时代潮流，高度重视信息化和电子政务发展，在组织领导、国家战略、顶层设计等方面均为电子政务发展提供了强有力的制度保障（见表1–1）。电子政务全面支撑政务部门履行职责，满足公共服务、社会治理、市场监管、宏观调控和生态保护各项任务目标的需要，促进行政体制改革和服务型政府建设的作用更加凸显。电子政务整体上迈入数字政府建设高级阶段。

表1–1　数字政府建设文件摘编

文件名称	发布机构	主要内容
《"互联网+政务服务"技术体系建设指南》	国务院办公厅	"互联网+政务服务"业务支撑体系建设、基础平台体系建设、关键保障技术建设、评价考核体系建设
《"十三五"国家政务信息化工程建设规划》	国家发展和改革委员会	按照"大平台、大数据、大系统"总体框架，建设一体化政务数据平台，共享共建国家基础信息资源，协同共建纵横联动业务系统等
《关于加快推进全国一体化在线政务服务平台建设的指导意见》	国务院	加快建设全国一体化在线政务服务平台，推进各地区各部门政务服务平台规范化、标准化、集约化建设和互联互通，形成全国政务服务"一张网"
《中华人民共和国政府信息公开条例》（2019年修订版）	国务院	保障公民、法人和其他组织依法获取政府信息，提高政府工作的透明度，建设法治政府，充分发挥政府信息对人民群众生产、生活和经济社会活动的服务作用
《"十四五"国家信息化规划》	中央网络安全和信息化委员会	数字政府建设水平全面提升。与新时代党治国理政相适应的党政机关信息化建设和管理体系基本形成

续表

文件名称	发布机构	主要内容
《"十四五"推进国家政务信息化规划》	国家发展和改革委员会	到2025年，政务信息化建设总体迈入以数据赋能、协同治理、智慧决策、优质服务为主要特征的融合治理新阶段，跨部门、跨地区、跨层级的技术融合、数据融合、业务融合成为政务信息化创新的主要路径，逐步形成平台化协同、在线化服务、数据化决策、智能化监管的新型数字政府治理模式，经济调节、市场监管、社会治理、公共服务和生态环境等领域的数字治理能力显著提升，网络安全保障能力进一步增强，有力支撑国家治理体系和治理能力现代化
《国务院关于加强数字政府建设的指导意见》	国务院	构建协同高效的政府数字化履职能力体系，构建数字政府全方位安全保障体系，构建科学规范的数字政府建设制度规则体系，构建开放共享的数据资源体系，构建智能集约的平台支撑体系，以数字政府建设全面引领驱动数字化发展，加强党对数字政府建设工作的领导

现代信息技术风起云涌，为数字政府模式创新提供了难得的历史机遇期。特别是随着大数据、云计算、人工智能、区块链等新兴信息技术的蓬勃发展，数字政府主动适应、深入融合这些技术，已经成为实现国家治理体系和治理能力现代化目标的重要条件，是深化国家行政管理体制改革和建设法治政府、服务型政府的重要举措。当下，现代信息技术不断优化服务流程、打通数据壁垒、深化在线服务深度和覆盖度、开展网上咨询和网上监督、推动政府数据公开，借助大数据、云计算、人工智能等创新服务模式，提供个性化智能政务服务推荐，线上线下高度融合的一体化政务服务平台不断涌现。

二、数字政府上升为国家战略

2019年10月31日，党的十九届四中全会通过《中共中央关于坚持和完善中国特色社会主义制度 推进国家治理体系和治理能力现代化若干重大问题的决定》。在第五部分"坚持和完善中国特色社会主义行政体制，构建职责明确、依法行政的政府治理体系"中明确提出"推进数字政府建设，加强数据有序共享，依法保护个人信息。"

2020年10月29日，党的十九届五中全会通过《中共中央关于制定国民经济和社会发展第十四个五年规划和二〇三五年远景目标的建议》，提出"加强数字社会、数字政府建设，提升公共服务、社会治理等数字化智能化水平”“建设职责明确、依法行政的政府治理体系。”这无疑为数字政府建设提供了丰厚的创新土壤和无比宽阔的想象空间。

2022 年 4 月 19 日，中央全面深化改革委员会第二十五次会议对数字政府建设作出了重要部署。会议指出，加强数字政府建设是创新政府治理理念和方式的重要举措，对加快转变政府职能，建设法治政府、廉洁政府、服务型政府意义重大。党的十八大以来，党中央围绕实施网络强国战略、大数据战略等作出一系列重大部署，各方面工作取得新进展。

第三节　数字政府建设的重大意义

一、有利于服务型政府建设

（一）牵住职能转变的“牛鼻子”

“放管服”是简政放权、放管结合、优化服务的简称。2016 年 5 月 9 日，国务院召开全国推进“放管服”改革电视电话会议，正式提出要推进“简政放权、放管结合、优化服务”改革。党的十九届四中全会进一步指出要通过数字政府建设积极推进社会服务与社会治理的数字化转型，加快实现国家治理体系和治理能力现代化。因此，我国的数字政府建设应牢牢牵住政府职能转变这个“牛鼻子”，以“简政放权、创新监管、提升服务”为核心强化多部门联合监管和协同服务，始终坚持把深化“放管服”改革作为“先手棋”和“当头炮”，推动政府服务从“群众跑腿”转向“数据跑腿”。

可以说，数字政府建设既要让数字化、协同化、智慧化成为“放管服”改革的重要凭仗，同时也要使政府部门对手中的公权力怀有敬畏之心。坚持以人民为中心，切实体会由“政府端菜”向“群众点餐”的理念转变，以服务者的角色重塑政府、市场、社会三元结构的适应性权力配置，最终实现政府职能的数字化转型。

（二）让人民群众有更多获得感、幸福感、安全感

数字政府建设应遵循“人民至上”的理念，以数字化转型为契机加快政府组织

调整和职能优化，强化业务协同和数据共享，彻底打破形形色色的“玻璃门”“弹簧门”“旋转门”，从根本上消除“我妈是我妈”式证明，构建“亲”“清”新型政商关系，持续优化营商环境，让人民群众在改革中不断增强获得感、幸福感、安全感。

从实践中看，数字政府建设有力地助推了服务型政府建设。与农业社会的“统治型政府”和工业社会的“管制型政府”相比，服务型政府的根本特征在于以人为本、以公众需求为导向的服务模式。比如，“群众跑腿”强调的是以政府为核心的治理理念，而“数据跑路”则重视群众的服务感知质量，通过部门贯通、数据协同充分发挥数字政府的政务服务潜能。

从人民群众的需求出发，通过数字化手段提供优质公共服务，是中国共产党全心全意为人民服务这一根本宗旨在数字时代中的最新诠释。以此为基础，我国的数字政府建设应根据群众需求和习惯优化配置服务资源、丰富服务内容、优化服务方式，把“为老百姓做了多少好事实事”作为检验工作成效的根本标准。此外，我们还应注意到“数字政府”这一概念反映着数字时代政府在公共服务领域的实践逻辑和价值取向，即以“数字思维”撬动政府职能转变新思路，以依法行政理念鞭策改革的全过程，逐渐公开各级政府部门的权力清单，优化再造政务的服务流程，并提升行政审批时效，最终提升人民群众的获得感、幸福感、安全感。

二、有利于整体政府建设

（一）整体政府的兴起

整体政府是20世纪90年代中后期针对新公共管理的碎片化而兴起的政府改革运动。1997年，英国时任首相布莱尔在公共服务会议上首次提出构建整体政府的施政理念。1999年，英国政府出版《现代化白皮书》，提出了英国整体政府改革的十年规划，并从政策制定、公共服务供给、信息技术应用等多个方面阐述了具体的实施方案。随后，新西兰、澳大利亚和加拿大等国也开始推进整体政府改革。

随着整体政府改革的盛行，有关整体政府的学术研究也日渐丰富。英国学者佩里·希克斯在《整体政府》一书中提出，整体型政府是以公民需求为导向，在利用现代信息技术的基础上依靠有效的信息沟通系统进行协调整合，促使多元主体相互合作、资源互补并最终增强治理效果。

（二）数字政府的“变与不变”

从我国的情况来看，随着各地的数字政府建设规划（方案）陆续出台，将信息技术融合于治理制度创新、组织结构优化和运行机制变革之中，以“整体型政府”为指导思想推动职能转变和服务效能提升，已成为数字政府建设的时代趋势。

数字政府建设改变了政府的组织架构和服务模式。其中的一个显著特征是，互联网开始被用来提供信息服务并逐渐发展为政府的施政平台。针对政府管理碎片化和空心化的治理瓶颈，数字政府通过建立起跨部门、跨组织、跨机构的治理结构，优化了政府行政业务流程，凸显了整体性和透明性。同时，数字政府还能够通过“联合”和“协同”的方式，将中央政府在整体政府中的纽带作用发挥到极致，进而实现了各方“共赢”。

从某种意义上说，数字政府正是在整体政府对传统政府的服务分散性和功能碎片化进行反思与修正的基础上建设起来的。如此，才能以满足公民需求为服务理念，以开放、协调、整合为治理策略，以大数据、云计算、人工智能等新兴信息技术为治理手段，促进政府、企业、公民多元主体的融合共治，实现跨越组织边界的整体型政府运作模式。从“碎片化”到跨部门、跨业务、跨层级的联通整合，再到“信息公开—双向沟通—全程在线——网通办”的发展演变，数字政府建设有助于从局部性共享协同转变为整体性协同治理，进而达到“善治”的目的。[①]

三、有利于智慧政府建设

（一）智慧政府是数字政府的高级形态

数字政府建设的核心价值在于以数字化、智能化的方式为社会公众提供更加精准、便捷、高效、主动的政务服务，最终提高公众满意度，并促使其成为社会信息融通者和智慧政务服务提供者。因此，数字政府的下一个发展阶段便是智慧政府。从实现路径来看，数字政府通过使用大数据、云计算、物联网等技术来处理数据，不仅可以让公众更好地参与政务，满足公众需求，还可以使政府的管理方式和管理行为朝着更加人性化、多样化、高效化、便捷化的方向发展，从而实现智慧政府的目标。

组织变革与流程再造是数字政府向智慧政府转变的基础保障和动力源泉。在

① 中国行政体制改革研究会组织编写．数字政府建设 [M]. 北京：人民出版社，2021，6.

组织变革方面，唯有通过重塑政务服务模式，打通部门壁垒和数据鸿沟，协调整合各职能部门之间的数据资源，才能加快推动数字政府乃至智慧政府的构建。流程再造则指的是在现代信息化、网络化的背景下，运用大数据、云计算、物联网、人工智能等先进技术，通过监督、检测、分析、整合、智能响应等手段，改变原有业务流程，提高政府的业务办理能力和组织运行效率。

（二）组织变革是智慧政府的前提

首先，组织变革能够改善政府内部邀功避责、权力寻租等各种管理问题，使其提供的公共服务更加快捷、公平、透明。其次，组织变革加强了跨部门的信息共享和业务联动，有效提高了政府对社会、市场的监督和管控能力。最后，组织变革能够缓解政府信息不透明等弊端，使公民能够通过网络信息化途径对政府进行依法监督并影响政府的决策，进而促使政府严格依法行政，提高其决策的民主性、科学性。

（三）流程优化是智慧政府的核心

流程优化以服务群众、便利群众为目标，根据公众的实际需求，借助互联网、大数据、云计算、区块链等信息技术手段突破政府部门内部的职责分工与层级界限，促进政府各部门之间的多向信息流动，最终提高政府的整体效能并降低其管理成本。可以说，流程优化不是对政府原有的工作模式进行简单的修补，而是将现有政府的职能、权责进行重新梳理后的整合，是对业务流程的柔性化再造，是一项系统性、综合性的工程。流程优化强化了政府运行、决策、服务、监管等能力，提高了政府的服务效率。

目前，我国政府组织体系总体上呈现“条块结合、以块为主、融条于块”的权力结构特征。因此，流程优化的深层含义应是推动政府组织体系由“科层制”走向“扁平化”。具体来说，随着数字政府建设的深入推进，传统的组织管理体系将被重构，线性的、层级制的、单向的信息传输流程将被非线性的、扁平的、交互式的流程取代。

四、有利于法治政府建设

（一）法治政府的“数字”特征

党的十八届三中全会提出，坚持用制度管权、管事、管人，让人民监督权力，让权力在阳光下运行，把权力关进制度的“笼子”。所谓让权力在阳光下运行，就是要建立健全以制度管权、管事、管人的制度体系，构建决策科学、执行有力、监督有力的权力运行体系。让权力在阳光下运行是为了更好地让人民监督权力、让制度管住权力，这与数字政府建设所强调的数据开放与公众参与无疑是相契合的，两者都旨在促进政府的开放、透明。随着新兴信息技术的广泛应用，政府的运作模式、政府与社会的关系均发生了翻天覆地的变化。在数字时代，大数据、云计算、移动互联网等技术手段的兴起为加强数字政府建设、强化政务公开、扩大政务信息覆盖面和影响力提供了重要支撑。这使政府能够建立网络问政平台以主动及时地回应社会关切的问题，拓宽社会公众参与政策制定、执行和监督的渠道，最终提升自身的透明度。

（二）数字法治政府：一个新命题

2021 年 8 月，中共中央、国务院印发《法治政府建设实施纲要（2021—2025 年）》，明确提出要健全法治政府建设科技保障体系，全面建设数字法治政府。数字法治政府，本质上是“坚持运用互联网、大数据、人工智能等技术手段促进依法行政，着力实现政府治理信息化与法治化深度融合，优化革新政府治理流程和方式”。事实上，“数字法治政府”是一个非常具有创新性的概念，它不是“数字政府”与“法治政府”的简单累加，而是技术维度与法治维度双轮驱动的有机嵌合。比如，在实际的治理情境中，对于数据共享的制度化、电子公文和电子签章的法治化等数字政府建设过程中的典型问题，必须运用法治思维和法治方式进行审慎处理。

第二章　数字政府的重要内容

第一节　数据赋能：数字政府的源泉

一、数字技术重塑政府结构

（一）政府组织结构趋向于扁平化

通过优化科层制政府结构，数字技术在降低政府运行成本的同时还提高了其治理效率。科层制是现代大型组织所追求的一种理想组织体系，是社会关系严格秩序化的结果。但是，科层制根据部门职能差异进行分工的组织结构安排难以及时地对外部环境的快速变化作出反应，多层级的管理模式也造成了组织内部信息传递路线长、反馈慢等问题。在数字政府中，由于信息分布结构和传输方式的开放性，权力系统也成为一个开放的体系。权力流向从以命令和服从为主的纵向流转向以透明和制约为主的横向流转转变，扁平化的横向权力结构取代金字塔式的纵向权力结构，极大地减少了权力传递层次，使权力流转更为直接透明。在数字全媒体时代，每位公民都能通过移动终端行使表达个人意愿的权利，社会内部开始高频率地互动，纵横交错的信息网络结构逐步形成。正如简·芳汀在《构建虚拟政府：信息技术与制度创新》中所言，现代社会的信息流动和传播越来越依靠网络，而不是官僚渠道或其他制度性渠道，政府的组织结构形态也日益脱离传统的官僚机构，走向组织间网络化以及网络化的组织结构系统。

（二）政府职能优化重构

在政府组织结构被重塑的基础上，政府内部的职能空间布局被改变，组织功能界限被重构。与过去“一窗口一事办理”模式不同，数字政府聚焦公众需求而非政府职能，将公共价值融入为每位公民提供的所需服务中，构建一体化线上线下政务服务平台。各地政府通过整合政务前端职能、设立特定机构统筹负责线上线下政务服务集成中心的建设运营，积极推动用户需求导向的政府职能转变与业务流程重塑。构建赋能共享的业务数据中台，而非条块分割的传统科层架构，借助和发挥市场机制的灵活性和有效性，构建多元共治、合作共生的生态伙伴体系，积极探索政府与国有企业、互联网科技公司、高校及科研院所、金融机构等主体的开放合作已成为数字政府建设运营的主要方式，职责明确、界面清晰、规则透明、机制灵活的网络化职能部门逐渐形成。

二、从业务数据化到数据业务化

（一）概念界定

从电子政府到数字政府的过程就是从业务数据化到数据业务化的过程。在传统的电子政务阶段，数字化主要体现在业务数据化。所谓业务数据化，是指将业务相关环节或流程以数据的方式进行呈现或存储。由此，传统的书面纸质文本便转变为电子数据。数据业务化则是业务数据化的自然延伸。以企业为例，数据业务化是指将收集的数据用于业务或产品本身，通过对既有的数据进行二次加工并找出其中的规律，最终让数据反哺业务，进而提升产品的商业价值。相比之下，政府的数据业务化更关注数据治理过程的智能化和创新化。两者的根本区别在于，前者强调业务数据的沉淀和收集，后者侧重政府挖掘数据的公共价值并利用数据技术实现治理创新。①

（二）转化过程

业务数据化和数据业务化之间的转换是一个螺旋上升的过程，即“业务运行—产生数据—助力业务”。业务数据化是数据的浅层应用，而数据业务化则是数据的深层应用。这一转化过程的内核动力在于业务数据的知识化，一方面需要不断提升数据价值密度、拓宽数据应用场景；另一方面要深化数据价值，让数据转化为知识，并赋能业务，进而驱动业务实现自我成长与自我迭代。总的来说，业务数据化与数据业务化相辅相成，业务数据化是为了更好地开展数据业务化。在释放数据价值这一进程中，业务数据化是前奏和序曲，数据业务化是主体和未来发展方向。对于政府而言，数据业务化是推动数字化转型的重要抓手，是在数字时代提升治理能力的根本保障。

① 翟云．2022 塑造数字中国丛书 走进数字政府 [M]. 北京：国家行政学院出版社，2022.

三、数据驱动政府治理能力提升

（一）数据战略地位的确定

数据是新时代国际竞争的重要资源。2015 年 8 月，国务院印发《促进大数据发展行动纲要》指出，数据已成为国家基础性战略资源，大数据成为提升政府治理能力的新途径。数据作为新的生产要素融入经济社会，逐渐创造了更多新的生产生活方式，释放了多重发展潜能，形成了更多的新业态、新模式，推动了经济社会的质量变革、效率变革和动力变革。可以说，数据赋能已经成为数字时代的重要共识。政府应充分运用现有数据预测社会需求以提供公共服务，进而测量自身绩效，并不断回应变革需求，推动业务运行一体化、数据流动一体化、服务供给一体化。

（二）数据成为政府治理的新动能

数字技术的应用使政府的治理方式和治理能力发生了巨大的改变。一方面，大数据可以使政府的决策依据从少量样本转变为海量数据，原来根据有限个案进行经验判断的决策方式逐渐被“用数据说话，用数据决策”的科学全面的方式取代。大数据分析能够对各类数据进行实时的深度挖掘、关联分析和知识推理，更加精准地反映社会事件的深层次原因，进而促使政府实现基于科学决策的靶向治理。另一方面，数据赋能也成为各地推动治理体系和治理能力现代化的重要路径。各地政府正依托大数据等技术提升自身在经济调节、市场监管、社会管理、生态环境保护等方面的履职效能。此外，大数据等技术还提升了政府在公共危机事件中的预警、监控和应急处置能力。

第二节　整体协同：数字政府的本质

一、从“一网通办”看整体型治理

（一）“一网通办”的政策演化

2018 年 4 月 12 日，上海市成立大数据中心，负责开发运营“一网通办”以及全市公共数据的统一集中管理。随即出台的《全面推进“一网通办”加快建设智慧政府工作方案》,分别提出了“2018 年建成上海政务‘一网通办’总门户”和“到 2020 年，形成整体协同、高效运行、精准服务、科学管理的智慧政府基本框架”的任务部署。为深入推进“互联网 + 政务服务”及线上线下一体化建设，国务院在 2018 年 6 月发布了《国务院办公厅关于印发进一步深化“互联网 + 政务服务”推进政务服务“一网、一门、一次”改革实施方案的通知》。2018 年 7 月，国务院印发《关于加快推进全国一体化在线政务服务平台建设的指导意见》,明确要求实现从“线下跑”向“网上办”转变、从“分头办”向“协同办”转变，全面推进“一网通办”等任务目标。2022 年 6 月,《国务院关于加强数字政府建设的指导意见》要求“充分发挥全国一体化政务服务平台‘一网通办’枢纽作用”“推动涉企审批‘一网通办’”。①

（二）“一网通办”的改变

“一网通办”是我国在新的历史时期探索推进“互联网＋政务服务”的一项重大改革，其突破了科层体系下政务流程的时空局限，使政务信息的共享运用成为可能。同时,它也是建设服务型政府的重大举措和构筑数字政府的关键切入点，其具体表现便是政府服务模式从“事项服务”转为“场景服务”。

“一网通办”注重对公民需求的整体性回应并将其视为政府治理的核心。在治理理念上,“一网通办”的宗旨是更好地为人民服务。其中的“网”作为工具性的网络设施并不是数字政府建设的重点，而政务服务通办、好办、多渠道、无障碍等便民标准才是当下改革的“试金石”。通过线上线下政务服务的整合，“一网通办”解决了原先政府治理过程中的碎片化问题，传统政府开始向整体政府迈进。

二、从“一网通办”到“跨省通办”

（一）“跨省通办”的改革初衷

“跨省通办”是“一网通办”的延伸与拓展，也是目前各地数字政府建设的重点之一。近年来，随着我国跨省流动人口越来越多，与群众工作生活密切相关的跨省办事需求也日益增多，政务服务“跨省通办”成为民生新需求。2020 年 9 月，国务院办公厅印发《关于加快推进政务服务“跨省通办”的指导意见》（以下简称《意见》)，围绕教育、就业、社保、医疗、养老、居住、婚育、出行等与群

① 王文跃，谢飞龙，李婷婷．“一网通办”助力数字政府建设 [J]. 中国电信业，2023（11）:63-67.

众生活密切相关的异地办事需求，明确了 140 项“跨省通办”高频政务服务事项。《意见》指出，除法律法规规定必须到现场办理的事项外，应按照“应上尽上”的原则将其余相关事项的申请受理、审查决定、颁证送达等所有环节纳入全国一体化政务服务平台，由业务属地为申请人远程办理。2022 年，我国《政府工作报告》提出要加强数字政府建设，推动政务数据共享，进一步压减各类证明事项，扩大“跨省通办”范围，基本实现电子证照互通互认，便利企业跨区域经营，加快解决群众关切事项的异地办理问题。

（二）“手拉手”“结对子”提升“跨省通办”效能

目前，全国一体化政务服务平台初步建成，地方间的数据共享加速推进，更多种类的政务服务实现了跨省通办、跨域通办。群众如今无须“跨省”甚至无须出门就能办事，这极大地提高了群众的服务感知质量以及政府本身的服务效率。从具体案例来看，各地结合自身实际在让老百姓少跑腿这件事上下功夫“琢磨”，相关探索为国家跨省通办服务标准的顶层设计积累了经验。京津冀地区推进政务服务事项的“同事同标”，长江三角洲地区 41 个地级市打造政务服务线上线下“一张网”，珠江三角洲区域推动常用电子证照互认共享等，均是各地探索跨域政务服务的典范。

第三节 服务导向：数字政府的宗旨

一、将以人民为中心的服务理念贯彻始终

（一）初心不忘为人民

数字政府所遵循的核心宗旨是“以人民为中心”。从数字政府发展水平较高的国家的治理经验来看，即从“客户视角”着手完成数字政府的规划、建设及改善，积极提供“一站式服务”“端对端服务”和一次性信息搜索等便民服务。

（二）“以人民为中心”理念贯彻全篇

我国数字政府建设高度重视“以人民为中心”的宗旨。2022 年 4 月，《国务院关于加强数字政府建设的指导意见》回答了数字政府“为谁而建、为何而建、如

何建设”等问题，指出“始终把满足人民对美好生活的向往作为数字政府建设的出发点和落脚点，着力破解企业和群众反映强烈的办事难、办事慢、办事繁问题，坚持数字普惠，消除“数字鸿沟”，让政府治理法治化与数字化深度融合。”这意味着数字政府建设应遵循“以人民为中心”的基本准则，通过数字化手段提供优质的公共服务以满足人民群众的需求;“以人民为中心”意味着数字政府不再是简单地提供信息、服务或相关平台，而是更加注重运用双向互动的治理方式提供一种更加精细化的服务。具体而言，应当运用信息技术手段健全完善社情民意的反馈渠道，让更多群众参与政策制定、实践监督以及评估反馈的过程，将人民群众的满意度和获得感作为评价服务成效的最终标准。此外，还要让公众自主选择与政府互动的方式以满足不同群体的公共服务需求。总体而言，数字政府实现了政府与公众之间的“双向触达性”和“即时互动性”，进而促使自身转向真正的“以人民为中心”。

二、构建人民满意的数字化履职体系

《国务院关于加强数字政府建设的指导意见》指出，要打造泛在可及的服务体系、提升智慧便捷的服务能力、拓展公平普惠的民生服务，让百姓少跑腿、数据多跑路。要以数字化改革助力政府职能转变，统筹推进各行业各领域政务应用系统集约建设、互联互通、协同联动，发挥数字化在政府履行经济调节、市场监管、社会管理、公共服务、生态环境保护等方面职能的重要支撑作用，构建协同高效的政府数字化履职能力体系。

（一）提升人民满意度

数字政府应当通过构建协同高效的数字化履职体系以提高公众的满意度。确切地说，数字政府要在准确把握用户个性化需求的基础上提升用户的参与感。在数字政府的公共服务供给过程中，应坚持目标导向、问题导向，主动顺应公众在公共服务“需求端”的新变化，深化公共服务的供给侧结构性改革，运用大数据技术改善民生，推动大数据技术在教育、就业、社保、医疗卫生、住房、交通等领域的普及应用，加强各类便民应用的开发，促进基本公共服务的均等化、普惠化和便捷化。推动政府公共服务由原来自上而下的“供给决定需求”模式转变为自下而上的“需求引导供给”模式。做到让人民群众按需“点菜”，以精准服务解决公众的实际困难。[①]

（二）让人民群众拥有最大话语权

为加快人民满意的数字化履职体系的落地，各地建立了聚焦人民满意度的“好差评”制度。政务服务好不好，应该由企业和群众说了算。政务服务“好、差评”就是以公共参与为导向的改革，即通过网站、App、电话热线等多种渠道获取企业、群众关于政务服务的评价。该制度有助于及时发现政务服务的堵点、难点，协助各地区各部门及时提高服务质量，让政务服务真正落实“以群众需求为出发点，以人民满意为落脚点”。当然，数字化履职体系建设也需要关注无障碍服务。各地政府要以优化无障碍环境建设为契机，强化数字服务的可及化和适老化，提升数字政务的普适性与公共性。

三、百姓少跑腿、数据多跑路

（一）打破“玻璃门”“旋转门”“弹簧门”

服务导向的政务服务应当让“百姓少跑腿、数据多跑路”，切实提高人民群众的获得感、幸福感、安全感。2016 年，我国《政府工作报告》首次提出“互联网 + 政务服务”的理念，指出要“实现部门间数据共享，让居民和企业少跑腿、好办事、不添堵”。随着大数据、云计算、人工智能等新一代数字技术融入数字政府建设，我国政务服务日趋智能化，源头治理更加精准，政策效能持续提高。

2022 年 3 月，国务院发布的《关于加快推进政务服务标准化规范化便利化的指导意见》（以下简称《意见》）进一步提出，在党中央集中统一领导下，把党的领导贯穿优化政府服务的全过程和各方面，深入贯彻中共中央、国务院关于优化政务服务的决策部署，不断提升政务服务标准化、规范化、便利化水平。同时，应聚焦企业和群众反映强烈的办事堵点难点问题，完善落实有关标准和政策措施，着力破解掣肘问题和体制机制障碍，提供更加优质高效的政务服务。例如，在推进政务服务便利化方面，《意见》提出要推进政务服务事项集成化办理。具体来说，要从便利企业和群众办事角度出发，围绕企业、个人的全生命周期推动关联性强、办事需求量大、企业和群众获得感强的多个跨部门、跨层级政务服务事项实现集成化办理，同时还提供主题式服务、套餐式服务等多元化服务形式。此外，

① 吴磊．需求锚定、结构赋能与平台耦合：数字政府建设的实践逻辑 [D]. 吉林大学，2022.

推进政务服务集成化办理还须按照“一次告知、一表申请、一套材料、一窗（端）受理、一网办理”的要求优化业务流程，对接整合相关系统并进行数据共享，最终实现减少办事环节、精减申请材料、压缩办理时限等目标。

（二）让百姓和企业少跑腿、好办事、不添堵

经过近几年的改革，各地政务服务的便民化水平显著提高。浙江省政府率先提出打造“移动办事之省”。“浙里办”作为面向群众企业服务的总入口，紧紧围绕人民群众所需所盼，汇聚3638项全省统一的政务服务事项、1500项便民惠企服务、“企业开办”40多件部门联办“一件事”，从民生小事到家企大事，实现网上一站办、大厅就近办、基层帮你办、全省统一办。北京市运用区块链技术支撑了300余个政务服务领域应用场景落地，促进了57个部门中2.8万类数据项的327亿条数据的共享，大幅提升了政务服务便利性。上海市创建的“健康云”作为本地居民医疗健康的线上统一服务入口，进一步完善了政府的数字化健康管理体系，线上线下服务得以资源联动。总的来说，数据每多一次在“云”上的调用流动就意味着让群众办事“少跑一次腿”，各地政府应在现有探索的基础上因地制宜地利用相关技术进一步提高服务水平。

第四节　开放共享：数字政府的根基

一、从信息公开到数据开放

（一）政府信息公开的兴起

政府信息公开对应的是早期的互联网通信环境。国务院于2007年颁布并于2019年修订了《中华人民共和国政府信息公开条例》，该条例提出各级人民政府及县级以上人民政府部门应当建立健全本行政机关的政府信息公开工作制度，同时还要指定政府信息公开工作机构负责本行政机关政府信息公开的日常工作。政府信息公开工作机构的具体职能包括：办理本行政机关的政府信息公开事宜；维护和更新本行政机关公开的政府信息；组织编制本行政机关的政府信息公开指南、政府信息公开目录和政府信息公开工作年度报告；组织开展对拟公开政府信息的

审查等。

大数据时代，随着数据量的爆炸式增长，大数据的采集、储存和分析等技术向人们展示了数据资源中蕴藏的无限潜能。如今，公众对于公共数据的需求程度与分析能力均大幅提升，要求政府进行数据开放的呼声越发高涨。数据开放已经逐渐成为世界各国建设数字政府的基本原则。2018 年，美国国会通过了《开放政府数据法案》，该法案要求政府除涉密数据外的其余数据应遵循默认开放的原则，在开放许可的条件下以开放格式提供。2016 年，中共中央办公厅、国务院办公厅印发的《关于全面推进政务公开工作的意见》也明确提出："按照促进大数据发展行动纲要的要求，实施政府数据资源清单管理，加快建设国家政府数据统一开放平台，制定开放目录和数据采集标准，稳步推进政府数据共享开放。"

（二）数据开放和信息公开

政府数据开放与政府信息公开并不相同。首先，信息公开侧重提供"公开政府如何运作的信息"。如《中华人民共和国政府信息公开条例》要求行政机关主动公开法规政策、政府职能、发展规划、行政管理、公共服务、财政预算和政府采购等方面的信息。这些信息主要与民主监督相关，公开这些信息能够让公民知悉并监督行政机关的权力运作过程，因此也能够强化行政机关的责任意识。其次，政府信息公开的主要目的在于保障公众的知情权，其本质是政府主导的自我改革和自我完善。在这一过程中，社会依旧处于被动接受政府传输信息的状态，因此对政府的反作用力较弱。这一点在《中华人民共和国政府信息公开条例》的第十九条得以印证，它规定了政府信息主动公开的标准，即唯有涉及公众利益调整、需要公众广泛知晓或者需要公众参与决策的事项才需要主动公开。相比之下，政府数据开放所关注的重点则在于相关数据是否具有开放价值及作为决策论证、服务提供和经济增长的资产的工具价值。政府数据开放开创了政府服务的"共同生产"甚至"共同创造"的新形式，其制度功能在于实现公众赋能并推动责任政府建设，进而创造更多的经济价值和社会价值，提高政府的治理水平。

二、注重政务数据的融合与共享

（一）数据共享是数字政府的根基

建设集约、平台互通、治理协同的数字政府的核心在于数据共享。所谓政务数据共享，即政府部门根据履职需要将数据进行跨部门乃至跨组织的交互认证。在数字化环境中，数据来源的多元化打破了时空界限，将各管理部门、各领域公民的信息资源有机融合。根据《国务院办公厅关于印发政务信息系统整合共享实施方案的通知》的任务分工，国家电子政务外网管理中心承担全国政务信息系统整合共享技术支撑工作，依托统一的国家电子政务外网（简称政务外网）构建集约创新的电子政务综合服务平台，推进“网络通、数据通、业务通”取得阶段性成效，形成了整合大平台、承载大系统、开发大数据的格局，以数据集中和共享为途径，有力推动了技术融合、业务融合、数据融合，促进了跨层级、跨地域、跨系统、跨部门、跨业务的协同管理和服务，为实施国家大数据战略、全面打通“放管服”经脉、构建数字政府奠定了坚实基础。①

（二）“奇葩证明”不再成“烫手山芋”

随着国家层面对数字政府布局的推进，跨层级、跨地域、跨系统、跨部门的数据共享体系与治理平台逐渐建立起来。这一举措有效打破了部门之间的信息壁垒与数据“孤岛”状态，进而促使政府治理体系内部的部门协同和决策反馈水平大幅度提高。以浙江省为例，截至 2022 年 6 月底，浙江省公共数据归集总量已突破 1074 亿条，共享调用总量达到 857.1 亿次。可以说，浙江省数字化平台的迭代升级以及“掌上办公之省”和“掌上办事之省”等目标的加速落地将进一步增强政府内部的整体性功能集成。

第五节　透明法治：数字政府的保障

一、以制度约束权力，建设公开透明的政府

（一）要把权力关进制度的“笼子”里

1. 推行权力清单制度

权力具有天然的扩张性，这种扩张直到遇到边界才会休止。倘若不予以规范便容易出现“寻租”现象，因而需要把它关进制度的“笼子”里。推行权力清单

① 肖晓．数字政府背景下政务数据共享的监督机制研究 [D]. 吉林大学，2023.

制度，是规范权力运行、打造制度“笼子”的客观需要。权力在运行中一旦偏离，就会出现权力滥用、权力寻租、权力腐败等现象，最终导致政府难以履行职能、行政效率低下等问题。权力清单制度则体现了一种新型的规范关系，为我国公共行政向法治化、透明化发展提供了新思路。

2. 权力清单让企业吃了“定心丸”

党的十八届三中全会指出：“推行地方各级政府及其工作部门权力清单制度，依法公开权力运行流程。”所谓“权力清单”是指政府手中有什么权力，能审批什么类型的项目，办事该什么时候办结，都应该在一张清单上说清楚、说明白，并对外开放，接受社会监督。2014 年，浙江省率先在国内推进以“四张清单一张网”为主要抓手的简政放权改革，转变政府职能。2015 年，中共中央办公厅、国务院办公厅印发的《关于推行地方各级政府工作部门权力清单制度的指导意见》明确了权力清单的目标，即“将地方各级政府工作部门行使的各项行政职权及其依据、行使主体、运行流程、对应的责任等，以清单形式明确列示出来，向社会公布，接受社会监督。”权力清单制度的落实让简政放权这扇“虚掩的门”真正被推开，增强了人民群众的获得感。

（二）让权力在阳光下运行

把权力关进制度的“笼子”里只是第一步，在此基础上还要让人民监督权力，让权力在阳光下运行。阳光具有除菌、消毒的功能，它能增强人体免疫力，让万物充满勃勃生机。让权力在阳光下运行，意味着权力公开、透明、公正、合理地行使，防止权力行使者滋长贪欲、越轨行权、腐败变质。政府在数字化时代的运行离不开公开透明的环境，只有将权力放到阳光下，规范政府权力运行，公开政府权力行使的依据、流程和时限，才能避免因为信息不对称造成的权力异化，监督才有前提、保障。反之，如果公共权力被“暗箱”操作，就会造成信息的不透明和不对称，极大影响社会大众知情权和参与权的行使与实现。数字政府全面推行政务公开，决策、执行、管理、服务等全过程都通过网络让全社会知道，让权力在阳光下运行。①

① 王梦锐．数字政府建设的法治进路研究 [D]. 辽宁大学，2023.

二、拉起数字政府建设“安全绳”

（一）安全是数字政府建设的生命线

数字政府安全涉及数据安全、系统安全、公共安全、国家安全等，比如政务基础设施安全、政务信息系统安全、网络信息和平台安全，以及自主产品安全、数据传输与应用安全、系统运维和防护安全、数据跨境安全等。随着新兴技术的蓬勃发展，需要以总体国家安全观为基本遵循，全力打造安全智慧工程，建立健全符合国家总体安全要求的数字政府安全保障体系，建立健全涉及基础设施、网络、系统、数据、平台等全要素、多层次的自主安全体系。要更加关注和破解隐私保护、数据伦理、跨境数据安全等问题，营造自主可控、安全可靠、规范有序的数字政府生态。

（二）法律法规保障数字政府行稳致远

随着数字政府顺利推进，符合国家要求的数据安全保障体系正在进一步完善。我国先后出台了《中华人民共和国网络安全法》（以下简称网络安全法）、《中华人民共和国数据安全法》（以下简称数据安全法）、《中华人民共和国个人信息保护法》（以下简称个人信息保护法）等相关法律。多个省份在加速数字政府建设的同时也强调了数字安全的重要性，如《江苏省数字政府建设 2022 年工作要点》指出，要落实数据分类分级管理制度，探索制定重要数据和核心数据目录；《广东省数字政府改革建设 2022 年工作要点》强调加强政府网络安全保障和政务网络安全管控，强化省市“政务云一体化”安全运营能力；《湖南省 2022 年政务管理服务工作要点》提到要建立健全内容、平台和数据安全防护体系，加强日常监测预警。这些法律和法规的出台对于保障数字时代的信息安全与社会发展具有重要意义，是数字政府建设的“安全绳”。

第三章　数字政府理论研究与建构

第一节　数字政府的理论发展现状

一、平台驱动的数字政府

平台驱动的数字政府主要是由北京大学公共治理研究所的黄璜团队提出的。在《平台驱动的数字政府：能力、转型与现代化》中，黄璜团队认为平台化是数字化领域的必然发展趋势。数字政府要通过平台化建设实现政府组织数字化转型，促进政府治理能力现代化。“平台驱动”的关键是数字能力和数字资源的统一，“驱动”表现为能力和资源在平台上的持续转化，数字能力共享是核心所在。

对于“平台驱动的数字政府”，黄璜团队认为政府基于新型数字基础设施，构建广泛联系公众、企业、公务员和所有政府机构的平台，并在平台上持续实现数字资源的能力化和数字能力的共享化，对外提供优质政务服务，对内提供高效办公协同，实现政府组织数字化转型，推进政府治理能力现代化的进程。

黄璜团队还认为，数字政府建设要充分挖掘政府管理与服务的业务共性，实现技术融合、业务融合和数据融合，形成跨层级、跨地域、跨系统、跨部门、跨业务共享的“数字政府基础设施”。黄璜团队总结了地方政府的实践方法，主要提供了四点基本经验：第一，服务牵引，从需求端来牵引整个系统的运作；第二，政企共创，政府和企业共同合作、共同开发；第三，业务迭代，针对具体问题实现持续迭代；第四，能力组装，提供可以组装的能力模块，实现快速开发。①

二、数字治理生态理论

清华大学的孟天广团队基于信息政治学提出了数字治理生态理论，其核心观

①孙宗锋，秦瑞楠.数字政府建设的理论基础、热点议题与发展趋势[J].西安交通大学学报(社会科学版)，2024（1）：42−51.

点是：在数字时代，依托信息可以将不同治理主体、治理资源联系到一起，形成一个以信息为纽带的动态系统，即数字治理生态。信息机制主要帮政府解决两个问题，即信息汲取难题（信息稀缺问题）、信息处理难题（信息过载问题）。

孟天广团队对数字政府的定义是，数字政府是通过技术赋能和技术赋权双重机制推进政府建设，这一双向驱动机制不仅促使数字技术嵌入科层制以推进治理结构再造、业务流程重塑和服务方式变革，还构建着新型政府—社会关系、政府—市场关系，以支撑数字社会建构及数字经济发展。

孟天广团队从系统论视角来构建数字政府理论体系，即将工具论、平台论、治理论结合起来构建数字治理生态。数字政府建设的关键是构建由政府、社会、专业机构、媒体、科技企业共同参与、共享治理资源的生态系统。

孟天广团队认为可以从以下四个层次来分析数字政府建设。

第一，数字时代正在重塑治理结构。数字技术导致治理资源在社会中弥散分布，不同主体分别掌握一部分治理资源，比如政府拥有政策资源，科技企业拥有数据和算力，科学家拥有算法资源，数据由公民或消费者生产。因此，治理结构越来越强调政府与社会的合作。

第二，组织机构再造。这意味着水平和垂直政府间协同正在发生变化，如建设数据局等新机构、围绕数字技术优化信息流和业务流构建整体政府。

第三，通过数据分析破解治理过程的信息难题。难题主要是信息稀缺问题和信息过载问题。孟天广团队认为，国家信息能力是国家治理的重要能力，由致力于解决信息稀缺难题的信息汲取能力和致力于解决信息过载问题的信息处理能力两部分组成。其中，信息处理能力的建构主要是通过国家与社会对海量数据的标准化管理、聚合化处理和数据挖掘分析的能力实现的，如各地建设的政府大数据中心、数字政府运营智慧中心、城市大脑等。在信息汲取能力上，主要是从制度设计上形成“自上而下”督察、巡视和“自下而上”的信息汲取机制以及政府通过政府信息化工程建设构建政府数据治理体系。例如，在《“十四五”推进国家政务信息化规划》中，强调了数据资源赋能能力建设，把统一的国家政务数据共享交换平台和国家公共数据开放平台建设、宏观经济治理基础数据库建设作为核心内容，这些做法是提高信息汲取能力的重要部署。

第四，形成新型治理技术。新型治理技术主要是指新型数字技术在政府治理能力建设中的应用。孟天广团队认为，新兴的数字技术可以通过技术赋能从两个方面推动数字政府治理技术变革：一是技术上改进治理方式、治理手段和治理机制，如提升政府的信息汲取、数据治理、数字规制、回应服务和濡化能力；二是应用数字技术重构政府、市场和社会主体之间协同的治理结构，通过激发不同主体所占有的治理资源，如数据、算法、算力，构建共治共享格局。

三、基于价值的数字政府模型

韩国学者李政宇提出了一个基于价值的数字政府模型（VDG）（见图 3–1）。

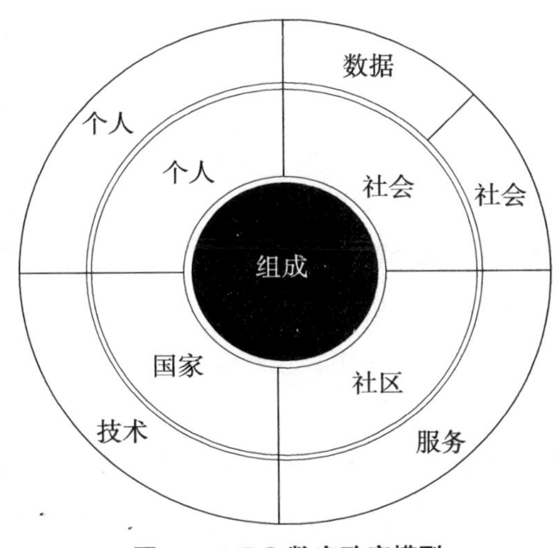

图 3–1　VDG 数字政府模型

李政宇认为，目前主流的数字政府模型大多属于有限政府状态的模式，如分段成熟度模型、组件模型。这些传统的模型已经不足以支持政府的数字化转型，主要是公共价值焦点从效率转向可持续发展目标的“有效实现”，尤其是“棘手的问题”越来越多，越来越呈现系统性，“使用微观方法来强调技术和服务”的电子政府模型就会力不从心。因为这些模型主要关注的是强调技术和服务的微观方法、运营效率导向，以政策评估为重点的框架。李政宇分析了部分数字政府模型，他提出了如下三点。

第一，当前大多数模型都是基于强调技术和服务的微观方法。阶段模型和组件模型都将技术定位为影响政府服务水平和政府技术进步程度的核心影响变量。从详细的角度看，分阶段的成熟度模型似乎使用以技术为中心的方法，而基于组件的模型则包括技术以外的概念，如流程、组织、人力资源和治理，这进一步反映了数字政府的多维本质。

第二，当前大多数模型都以政府的运营效率和公民服务运营的优化为导向，而数字政府模型倾向于强调在线行政服务的效率。

第三，现有模型大多是零散的故障排除模型，而不是专注于解决严重问题的模型。它们用于定量评估服务改进。在这方面，到目前为止已开发和使用的模型是基于成熟度或组件的。在提供面向未来的观点方面，它们似乎受到了限制。

基于以上观点，李政宇提出了一个集数据、技术、服务、人员、治理于一体的“五要素数字政府模型”，具体描述如下内容。

数据：分为分散数据、归集数据、互通数据和融合数据四个阶段，最终方向是融合和联动。

技术：分为代码编程、数据库应用、网络互联和平台构建四个阶段，最终方向是技术高效和恰当应用。

服务：分为简单应用、替代应用、转型应用和融合应用四个阶段，最终方向是实现应用的场景化适应和灵活性。

人员：分为简单实用、数字应用、信息服务到知识服务四个阶段，最终方向是减轻负担、提升创造力。

治理：分为规则和政策为主、交易和服务为主、互动和满意度为主，最终方向是达到共同创造和参与，从而打造开放的政府，鼓励人们参与决策。

在李政宇看来，由于数字政府的未来无法被定义为有限状态，该 VDG 模型中呈现的框架将用作定性工具，以评估人们为解决他们所面临的棘手问题而提出的综合解决方案的概念化工作。

此外，咨询公司加特纳提出了一个五级数字政府成熟模型（见表 3–1）。

表 3–1 加特纳五级数字政府成熟模型

级别	阶段
第一级　电子政府	关注政府服务线上化以及降低成本，数据处于孤岛状态，应用有限
第二级　发展（开放）政府	提高面向公众的透明度，促进公民服务和数据经济的发展
第三级　可定义的政府（数据为中心）	从关注和倾听用户需求到汇聚融合更多数据，多少数据被开放出来以及多少被应用使用成为被关注的焦点，实现数据驱动战略
第四级　可管理的政府（全数字化）	以数据为中心的方法以及基于数据创新的原则被广泛应用到各部门、各层级；数据跨层级、跨部门流动；公众可能会对数据隐私关注和产生不适，需要提高数据使用的透明度

续表

级别	阶段
第五级　持续优化（智能政府）	基于开放数据的数字化创新深深嵌入政府内部，并导入了高层政策决策过程。即使面对需要快速响应的中断事件或突发事件，创新过程也是可预测和可重复的

第二节　政府治理能力现代化内涵

治理能力与治理体系现代化的本质是持续构建基于国家、社会、个人等数据要素的整合过程。所谓“现代化”，本质上是治理体系、治理能力、治理要素、治理工具的数字化、智能化过程。也就是说，数字政府建设既是一个过程，也是一个目标，更是一个工具。

一、能力的概念与本质再认识

能力是一种基于主观意志的行动力量。能力可以从不同的维度进行定义。比如“能胜任某项任务的主观条件”“完成一项目标或者任务所体现出来的综合素质”或者“完成一定活动的本领、一种力量”等。以上种种描述都属于工具视角，把能力看作一种解决问题、改造世界的工具。但能力也可以解释为“一个人相对于某事物而言，能够给此事物创造的利益”，这是一种结果视角。可以看出，能力需要具备三个基本元素，即工具性、效用性、目标（任务）导向。无论是个人还是组织，想要完成某个任务、达成某种目标，都需要具备能力。

能力由主体的主观意志和客观条件组成。如果只有客观条件，没有能够适用这些条件的主观意志，能力就不存在。所以，主观意志在能力的构成中是先导性和决定性的。对个人而言，主观意志就是完成任务的决心和决断力；对组织而言，主观意志则是组织完成任务的决断力，也就是面对任务和问题要采取行动的意愿和决心。主观意志是看不见的、无法触摸的，所以往往容易被忽略。

组织的主观意志与组织的价值观密切相关。组织价值观也是一个特别容易被忽视的内容。只有有正确价值观的组织才能发展壮大，而组织的衰弱也首先是从组织价值观的异化开始的。组织处理问题的能力变差，应对风险的能力变弱，都是在组织价值观变异之后缓慢发生的，所以组织的价值观变化并不是一时之间就能看出来的。主观意志影响组织的判断和决策是通过判断产生影响的，只有组织认为是正确的判断才会采取行动，当然这种正确性一定要具备合法性，否则就容易出现组织违法行为。

能力的客观条件由资源要素、工具、方法及知识组成。客观条件是完成任务的过程中所要耗费的资源，这些资源需要被消耗掉，并发生物理或者化学的变化，在空间上发生转移。工具则是与资源要素发生联系的条件，工具的进步是社会进步的最重要表征，甚至可以说是人类历史的进步。所以工具的建设是能力建设的关键组成部分。方法是我们使用工具处置资源完成任务所要遵循的规程。我们在工作和生活中都有直接的经验和教训，如果方法不得当往往会事倍功半甚至前功尽弃。而同样的资源、同样的工具，方法不同，所产生的效用也可能完全不同。我国数学家华罗庚把数学理论应用于国民经济领域，提出以改进生产工艺和提高质量为内容的“优选法”和以处理生产组织与管理问题为内容的“统筹法”，其价值和作用就是体现了方法在能力建设中的重要性。客观条件还有一个至关重要的组成部分，就是知识。知识可以被理解为对规律的把握，也就是说在完成任务的过程中，个人和组织都必须掌握足够的知识，掌握所要处理事物的规律，按照规律的要求找到合适的方法，选择合适的工具，处置资源要素，最终达成目标。

二、能力建设的基本范式

在能力建设过程中，有两种模式可以选择，一是问题导向，二是未来导向。选择哪种模式与我们的认知有关。

（一）问题导向能力建设范式

问题导向能力建设范式中的能力建设是为了完成某项任务或者为了应对可能发生的风险，该范式不会建设或者储备对已知问题无效用的能力。

（二）未来导向建设能力范式

能力是面向未来发展需要的，是为了完成未来的任务和解决未来的问题而需要存在的主观条件。这意味着需要一种应对不确定性的能力。能力不是静态的，而是动态的、发展的。按照这些定位展开能力构建，那么能力的建设范式就是面向未来的。

我们可以用人来类比：当一个人出生时，他并不知道他在一生中会遇到什么问题，但是他天生继承了一部分能力，同时在成长的过程中不断地储备能力。当遇到需要处理的问题时，他能够通过灵活地发挥自己的能力来完成某项任务并获得满意的结果。

三、数字技术给治理能力建设带来新的机遇和挑战

在外部环境不确定性加剧的今天，思考如何构建政府的现代化治理能力时，我们面临着一个非常严峻的困境，这个困境就是前所未有的不确定性。

如果我们试图通过准确的外部环境分析，确定组织的战略目标，然后依据目标储备资源以及构建能力来完成任务和提供服务，我们可能会处于刻舟求剑的尴尬境地。在以前，当我们需要解决经济社会问题的时候，我们是可以预见将要出现的问题的。如今，经济社会日趋复杂，政府无法对可能出现的问题进行精确的预测。大部分的情况是，只有问题出现后，政府才会意识到问题的存在。这种不确定性的增加是系统性的，它既表现在局部，也表现在整个系统上，其影响的深度、广度和速度都是前所未有的。这也意味着组织通过规划来实现组织战略越来越困难。

既然未来是不确定的，那么我们就需要用一种新的视角来审视政府，把政府的组织看作一种能力的组合而不是一种职能的组合。把政府组织的职能转化为一种能力，对这种能力进行分解，直到分解到元能力。通过元能力组合形成上一层次的能力，从而达到能力的动态组合，具备灵活的未来适应性能力结构。这样政府的治理能力是现代化的，也自然有了应对“涌现”的柔性结构的能力。

“涌现”是指一个过程的整体行为远比构成它的部分复杂。经济结构和社会结构非常复杂，是一个复杂的巨系统。其复杂程度已经远远超过任何单个组织所能理解和管理的范畴。在这些复杂的巨系统里面，任何子系统本身都是复杂的，当这些子系统组合在一起之后，就会形成“涌现”现象。任何微小的变动都会造成整个系统级的风暴。

四、现代政府治理能力现代化内涵

对于现代政府而言，应对“涌现”，是追求治理体系和治理能力现代化的核心目标所在。为从容应对“涌现”，需要现代政府具备以下三种能力。

（一）现代化的先见能力

现代化的进程是一个高度复杂的过程，拥有某种“先见”是消除现代化进程不确定性的关键。现代化进程并非完全不可知的，其本身就是我们使用现代的技术、工具、方法和理念不断发展的过程。这是现代化先见的存在基础。现代化先见与数字化进程密切相关，数字化进程是现代化先见的前提和基础。数据要素是现代化进程的核心要素，为我们提供了发现人类社会基本规律的新的要素，形成了数字政府的现代化先见的技术基础。政府的先见能力来自三个方面：一是具有丰富的数据要素及其分析工具实现洞察；二是对经济社会发展规律与趋势的高度敏锐度；三是数字化的专业人才，政府越来越需要数据专业人才。①

（二）影响未来的规划能力

在我国的经济社会发展进程中，制定了多种形式的规划，从国家层面的五年规划到各个行业、商业组织的战略规划或者连续或者离散地形成了经济社会发展的过程。现代化的治理能力中，影响未来的规划能力是在先见的基础上，对未来所要达到的某种状态的路径设计。这些设计体现在各个层面，比如法律制度、产业政策、社会规则，甚至文化、意识形态。现代化的规划能力与两个因素有关，一是对客观规律的认知。认识到自然、社会、经济的客观规律，按照规律办事，在治理的行为上就会达到顺其自然的状态。二是社会价值体系的设计。引导具有“善”的社会价值体系，引导经济社会的运行符合人性，按照现代文明对善的定义办事，在治理的结果上就会达到顺乎人心的状态。如此，我们的发展就会形成最大的社会合力。这是治理能力现代化的工具指向。

（三）核心治理能力中的“涌现”能力

加里·哈默在《竞争大未来》中对核心竞争力（能力）的定义是：代表着从各种技能模块和各个组织单元那里学到的经验的综合。因此，一项核心能力不大可能完全来自一个单独的个体或者小型团队。成为“核心”必须经受三个方面的考验，即顾客价值、竞争者差异化、可延伸性。

虽然哈默对核心竞争力（能力）的论述是从商业组织的视角出发的，但是并不影响我们从非商业组织或者从政府的视角对核心能力进行厘定。核心能力的“涌现”能力是指在经受外部的刺激、政府组织内部应对不确定性的过程（这一过程

① 林婷．“政府治理能力现代化”内涵解析 [J]. 厦门理工学院学报，2015（2）：94-99.

通常也被称为"涌现过程"）中，让那些处于边缘非核心地位的能力快速成为组织核心能力的"能力"。

每个部门、每级政府都是由各种"能力"组成的，但是组织不可能列出所有的能力清单，资源是有限的，那么只有识别出核心和非核心能力，组织才能清楚自己的能力边界，并在应对外部"涌现"时迅速整合资源形成动态的核心治理能力。

在这种情况下，当我们思考数字政府应该如何建设时，数字政府的核心能力应当从如何面向未来进行构建的方面展开设计。需要重点考虑三个问题：①组织会面临怎样的自然、经济、社会环境？②组织外部系统会有怎样的"涌现"？③组织核心能力结构如何做到灵活地应对随机的"涌现"？

应对"涌现"的治理能力应该通过数字政府建设，且深深根植于政府内部，这些能力是隐藏的，但是在面对"涌现"时又是灵活的、有效的。

第三节　能力领先的数字治理范式

从治理能力的视角思考数字政府的建设时，我们可以参考哈默对商业组织的描述来进行类比：企业（组织）的成功秘诀在于一种使企业（组织）可以创造优秀产品（公共服务）的独特能力，企业（组织）应该被看成可以用各种方法将不同资源和能力进行组合的组织。我们可以基于企业核心能力理论，设计一个能够表现数字政府治理能力模型的分析框架——能力领先数字治理框架。这个框架基于两个假设：一是政府现代化治理能力是"涌现"的。数字治理能力是治理实践过程中沉淀下来的，是适应环境的产物。二是现代化的进程是一个复杂的"涌现"系统。现代化的发展进程是系统的规划与随机的"涌现"并存的，处于"涌现"过程中是现代化发展的关键特征。

一、能力领先数字治理框架

能力领先数字治理框架主要由 4 个子系统、13 个能力领域组成（见图 3–2）。

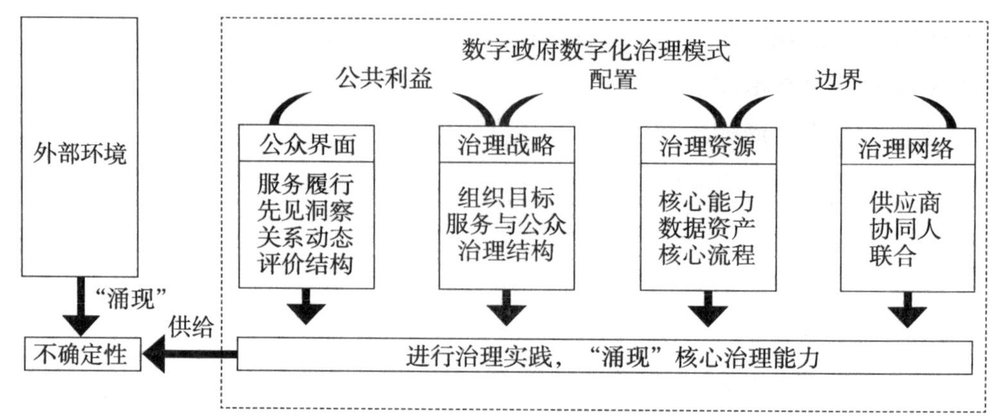

图 3-2 能力领先数字治理框架

能力领先数字治理框架包括 4 个子系统，分别是公众界面、治理战略、治理资源、治理网络。这 4 个子系统又分为 13 个能力领域。4 个子系统不是孤立存在的，即通过某种联系、关系形成了一个协调运作的整体。

（一）四个子系统

1. 公众界面

公众界面子系统定义了数字政府提供数字化政府服务的结构，它涉及供给与需求两个层面。公众界面子系统包括四个能力领域：服务履行是指面向公众提供公共服务的范式、渠道以及服务内容的能力；先见洞察是指政府基于数据要素提炼信息、对公众需求进行预测和洞察的能力；关系动态是指公共服务与公众之间联系的方式，即如何与公众进行互动的能力；评价结构是指政府与公众的价值评价体系和价值交流模式，包括价值共识、价值评价与共享的渠道以及价值内容及其在不同价值区间的分布。

2. 治理战略

治理战略子系统是指组织的法定职能，包括在国家或者区域治理体系中的定位、职能与治理服务的对象。治理战略子系统包括三个能力领域：组织目标是指通过数智化实现组织既定使命的能力，组织目标一般来自法律授权；服务与公众是指组织所面向的公众群体以及所提供的数字化服务能力；治理结构指的是通过数字化更好地实现在国家治理体系中与其他组织互动的能力。

3. 治理资源

治理资源子系统指的是治理资源的数字化系统，包括三个能力领域：核心能力是指应对“涌现”的知识、规则以及组织运作方式，是一种处置“涌现”的行动力；数据资产是指治理资源的核心组织资产，定义了数字政府组织中的要素；核心流程是指处置“涌现”的模式以及组织内部不同能力实体之间逻辑衔接的关系结构。

4. 治理网络

治理网络是指围绕组织的支持系统，包括供应商、合作伙伴和数字平台运营商。它们是为政府直接提供产品、服务、设备的厂商，共同组成了数字政府的完整系统，为组织提供所需要的知识、工具、资源、规则，是治理能力的底层支撑系统。

连接 4 个子系统成为整体的被称为“联系”，有 3 类联系把数字治理框架中的 4 个子系统连接为整体系统，形成整体政府建设的基本支撑。

（二）三个联系界面

1. 公共利益

公共利益是连接公众界面与治理战略的渠道。现代化的公共服务需要以人民为中心，通过该渠道在数字治理战略与公众界面之间建立联系，以确保战略的设计与能力的构建可以为公众提供以用户为中心的服务。

2. 配置

配置是连接治理资源与治理战略的渠道。通过配置的联系，确保治理资源服务于治理战略，确保核心能力、数字资产以及核心流程的配置方式和价值导向与数字治理战略相匹配，保障治理战略的达成。

3. 边界

边界是连接治理资源与治理网络的渠道。通过边界的界定，能够为数字治理过程中政府与合作伙伴划定边界，为数字治理可持续数字生态建设划定边界，帮助政府建设有为政府与有效市场。

二、能力领先数字治理框架的能力体系设计

（一）公共服务履行能力

本质上政府提供的公共服务与企业提供的产品服务具有相似性，都可以看作满足公众（消费者）的某种需求或者政府公共管理（政府自身需求）的服务，唯

一的不同是政府提供的公共服务是垄断的、无竞争的。

虽然没有竞争压力，但是政府依然有不断改善公共服务的履行方式、为公众提供更好的服务体验、降低公共服务的成本、提高公共服务效率的内在需求。

公共服务在履行过程中，有一个极其重要的特征，即在部分环节“在现场”的必须性。这就是人们在与政府打交道的过程中遇到的“当事人”必须“亲自”携带“证件”去办理的情况。

这是因为在公共服务履行过程中，政府必须确定公民身份的真实性、意愿的真实性、行为的合法性。当然，公民也必须在现场确定履行政府职能的机构和个人也是真实的、合法的政府机构以及公务人员。①

当政府开始推广移动端服务、网上办理、非现场服务时，“不在现场”成为公共服务的常态，那么政府机构与公众如何判断身份、意愿及行为的真实性，就成了非常关键的问题。这个场景其实像极了区块链刚刚出来的时候所试图解决的问题：一群完全没有任何信任基础的人，如何在零知识的情况下，解决交易的信任问题。

数字政府在公共服务的履行上需要从履行的方式和模式上进行变革，以解决公众如何在市场经济体制下不受时间和空间的限制，享受一致公共服务的问题。

首先，公众可以在任何地点接入任何公共服务，无论公共服务的提供是否具有区域限制，公众都可以获得服务接入。同时，公共服务能够在任何时间向任何公众提供服务，并能够提供除了必须人工干预的服务之外的任何服务。其次，公共服务要具有普遍性，在线上渠道、线下渠道都应该提供一致性的服务，不因渠道的不同而限制服务的内容和方式。

在公共服务的模式上，需要从被动等待到主动提供转变。首先，按照公共服务的流程环节，能够自动关联跨部门、跨层级的服务过程，自动流转，而不是仅需要公众主动请求。其次，根据公共服务的场景，主动触发公共服务的履行，包括主动提醒、智能预约、主动提供服务，实现无须公众申请就能主动提供所需要的公共服务。

（二）先见洞察能力

先见洞察是政府基于数据要素提炼信息对公众需求的预测和洞察。先见洞察

---

① 刘晓昕．政府数字治理能力评估指标体系构建研究 [D]. 南京大学，2021.

力也体现了政府对未来发展趋势的预测能力，是建立在真实数据、真实偏好表达的基础上，通过数据分析获得的。区块链技术可以大幅度提高政府的先见洞察能力，主要体现在以下方面。

1. 获得高质量的数据

利用区块链技术对涉及分析决策的个人数据、企业数据、政务数据进行存储、管理和整合，客观真实地记录数据及其行为，从而提高整个政府的“数目字管理”水平。区块链能够减少数据的篡改风险，为政府构建先见能力提供高质量的数据。

2. 城市发展需求洞察

城市发展和规划是一个涉及多方主体利益的复杂事务，需要参与各方提供真实的数据，包括公众的真实意愿，交通运输部门的真实路网、运力的数据，环境保护部门的环境数据，公共设施部门的水、电、煤气、通信的规划数据等。只有在真实性的基础上才能做到对城市发展需求的精准洞察。区块链可以为数据提供可信任的保障，并且能够在保护数据安全的基础上，在不同的部门之间进行数据的共享和交换，提高政府部门在城市更新发展中的洞察能力和规划能力。

3. 公众偏好洞察

基于区块链的隐私保护和唯一性，洞察公众在公共事务上的真实偏好。

4. 社会风险的先见能力

利用区块链安全的数据共享和智能合约，通过在不同的风险部门建设区块链节点，实现对风险数据的安全可靠共享与交换以及智能风险模拟，可以提高政府部门的风险先见能力。

5. 产业发展先见能力

一个地区的产业发展先见能力有赖于政策实施效果的客观评估，有赖于企业经营发展数据的客观提供，区块链可以解决企业隐私数据与政府部门安全共享的问题，为政府产业规划和产业政策制定提供客观真实的数据。同时，不同的产业管理部门的数据也可以安全共享，满足产业规划和发展过程中系统性的规划、全局性的洞察、实时性的优化需求。

6. 监管的先见能力

食品药品安全监管、环境污染监管与企业安全生产监管，可以利用区块链的数据真实性和可审计性，对监管的监督、整改、处罚与问责实现精细化的管理。同时，能够利用监管部门部署的智能合约，在违规行为发生时实时触发监管和控制。

（三）关系动态能力

关系动态定义的是公共服务与公众之间联系的方式，换句话说，是如何与公众进行互动。

1. 身份的真实性和唯一性

在公共服务中，供需双方都有验证身份真实性的需要，这也是公共服务中成本反复投入最大的环节之一。例如，在新生儿登记过程中，需要新生儿父母向医院、卫生管理机构、公安机关、社保机构、街道部门等反复提供结婚证、身份证、出生证、生育服务证等各种材料，用于新生儿户籍登记。

2. 在公共服务中，供需关系是需要管理的基本关系

公共服务虽然属于行政垄断的服务，并不像商业服务一样存在竞争性，但是公共服务依然要考虑服务的成本问题。对供需关系的管理需要政府对公众的服务需求进行精确的预测，并通过规划和政策来影响需求，进而对公共服务资源进行配置，如教育资源、医疗资源、交通资源、电力资源等，同时也包括政府提供的公共行政服务，如税务服务、婚姻服务等。

3. 公共评价关系是另一个重要的政府与公众的关系

顾名思义，公共事务就是众人之事，在公众与政府互动的关系中，由政府部门、第三方机构和公众对公共服务提供的方式、渠道、质量以及效果进行可信真实的评价非常重要，这决定了政府公共服务的能力等级，也影响了现代社会的动员能力和治理能力。

4. 激励公众参与

公共服务需要激励公众参与社会治理，例如垃圾分类、环境保护或者城市管理等，只有借助公众的资源和力量，才能提高公共服务能力。如何为分散的、规模庞大的公众提供激励能力，将影响公共服务的效率和效果。

（四）定价关系能力

定价关系定义了数字政府进行经济社会治理时，如何发现成本并对公共产品及其服务进行定价的模式。政府提供公共服务也是有成本的，因此需要定价，这就形成了政府与公众的定价关系。任何公共服务的成本都是相互的，如果在某一项公共服务中需要公众往复不停地奔走于各个部门之间或者反复提供某项证明文件，不仅是对公众个人时间和资源的浪费，更是对政府公共服务资源成本的浪费。

公共管理学者们一般把公共服务产品分为三类：第一类是既不排他也无竞争的纯公共产品，如国防、公安、外交等；第二类是无竞争但是排他的俱乐部产品，如高速公路、电信服务、教育服务、医疗服务等；第三类是不排他但是有竞争的“公共池塘”资源产品，如城市公园绿地、公共交通、水资源、渔业资源等。

区块链在公共服务的成本管理方面具有显著的价值，其具备追溯、不可篡改、真实性、隐私性和智能合约自动化处理能力，能够为政府在公共服务过程中提供低成本的、可信任的解决方案，帮助政府控制公共财政的支出。例如对俱乐部产品，可以使用智能合约对产品的服务进行动态的定价，控制由于公共需求的拥挤带来的成本增加。而对于“公共池塘”资源产品，则可以利用区块链建立配额交易制度，解决公众在“公共池塘”产品消费过程中的无序过度使用造成的损害。

政府在公共服务中嵌入区块链技术，可以建立真实的公共服务互动关系。这种互动关系表达的核心是评价关系。通过区块链获得真实的公共服务需求表达，发现真实的成本结构，可以帮助政府优化公共财政支出，并提高公共服务效率。

（五）组织目标

数字政府的目标包括治理目标、发展目标和职能目标。职能目标是法定目标和上级机关分解的目标；发展目标主要是指经济社会的发展目标；治理目标主要是经济、社会、环境、政治等各方面的综合目标。

就职能目标而言，某一级政府或者某个职能部门在制定职能目标时，主要考虑的是与上级部门和平级部门的职能协调的问题，一是承接上级部门的要求，分解落实具体职能目标要求；二是以行政辖区为主考虑具体目标的细化。发展目标与治理目标的规划和制定则有极大不同，不像政府职能目标那样可以找到明确的依据，这两类目标更多的是在持续不断的整体协调中寻找最优解的过程，是动态的、协调的。

因此，在制定发展目标和治理目标时，就政府整体而言，某一级的政府机构建设数字政府需要考虑以下四个因素。

1. 局部目标与整体目标的协同

即所辖行政辖区的目标与上级行政辖区的目标协同。在规划经济社会发展区域目标时，必须考虑“局部最优未必是整体最优”，还必须接受上级政府的指导，同时也需要考虑本区域目标对邻近区域的发展目标造成的不利影响。

2.“条”目标与“块”目标的协同

“条”目标的最优与“块”目标的最优往往并不相容，这主要与“条”“块”的利益结构和信息不完备性，以及委托代理过程中实际执行人的理解能力、遵从上级部门的意愿、可以调度的资源、本地实际情况与上级部门制定目标的适应性有关。

3. 地理相邻性目标与发展治理相近性目标协同

首先需要考虑相邻区域的目标，同时还要考虑地理不相邻但是在经济结构和治理目标上相近的情况，这是相对次要的，不过这种次要情况随着数据要素在经济领域的参与越来越广泛和深入，正在变得越来越重要。那么政府在规划、制定目标时，就要考虑相近性目标的协同。

4. 刚性目标、激励目标、保健目标与竞争性目标协同

从目标的价值取向角度来说，刚性目标是政府为公众提供的基本公共服务以及自身运转的基本目标，此类目标往往比较清晰，是政府无论如何都要提供以及公众无论如何都必须承担的成本，无须协商就可以明确的目标。激励目标则是政府需要向公众提供某种激励，尽可能地获得更多公众参与的目标，以获得更好的治理效果。此类目标往往需要带有经济刺激的手段，需要为参与者提供某种精神或者物质的奖励。保健目标则是介于刚性目标和激励目标之间，为了满足公众或者政府自身的运转所涉及的带有安慰性价值的目标，以缓解公共舆论压力或者获得公众对公共事务的支持。竞争性目标则主要在经济事务或者需要跨区域协同的公共事务中，政府需要提供有高度竞争性奖励的政策资源或者其他资源，以此吸引或获得某个产业在本地的聚集。

（六）公众服务

数字化技术的出现为政府的公众服务带来新的模式，作为一种重构信任的技术模式，区块链在底层逻辑上为政府服务的数字化开创了一种新型的公共服务方式。依靠可靠的数据作为服务的要素进行政府数字服务的重构，我们可以建立以下几种新的政府公共服务以及在服务细分公众群体上的新的低成本解决方案。

1. 非现场、可信的身份验证

无须公众在特定服务现场即可以验证公众的真实身份，并对其行为提供不可抵赖和篡改的真实性记录。

2. 智能化、自动化的公共服务

该公共服务即为一件事项从开始到办结提供智能化的自动协同，包括横向跨部门协同、跨区域协同以及纵向跨层级协同。在协同过程中能够对权责界面、审批决策实现智能化和自动化。

3. 主动发现需要服务的公众

公共服务，尤其是关联性和强制性的服务，对于公众而言也有必要性，并非可有可无、可办理可不办理的。政府服务的数字化在设计上需要服务的智能化，按照公共服务的事务逻辑以及公众自身的状态变化实现自动化的服务执行，主动发现需要服务的公众，甚至在公众可信授权的情况下做到无感知的智能化。

4. 横向和纵向协同的数字化服务

横向和纵向的公共服务是数字政府设计的关键。在“块”和“条”的层面提供高质量的公共服务，离不开横向和纵向的协同。很多地方政府已经开始以企业和个人的具体办事需求为线索，从横向跨部门协同和纵向跨层级两个方向上进行公共服务的协同设计。协同的基础是数据协同和业务协同，在这个过程中，公共服务部门之间的数据信任和业务信任是关键，确定公共行政行为的真实性和合法性，需要建立在真实的业务数据基础之上。

区块链在赋能公共服务的过程中，主要有以下几种应用模式。

第一，政务权力清单透明化。对部门所负责的政务事项以区块链的形式进行数字化，对权力的运行过程进行全程的透明化。

第二，履职行为透明可信化。对关键的政务服务行为使用区块链技术进行存储记录，在政务服务部门进行可信流转，并对政务行为进行合规审计。

第三，帮助政府记录公众关键行为。在履行公共服务过程中，存在大量需要即时、不可篡改的公众行为记录的情况。目前的解决方案大多是通过视频采集的方式进行存证，如对当事人的约谈、行政处罚通知送达、财产转移。使用区块链可以对这些公众的行为进行存储记录，并在公共服务过程中进行共享流转，作为其他部门行政行为的凭证以及对公众行为的确认凭证。

（七）治理结构

治理结构，即组织在整个国家治理体系中的位置、内部治理结构及其在“条”“块”两个维度与其他组织之间的互动模式。按照整体政府的理论，整体型治理包括三个方面的整合：一是不同层级或者同一层级上治理的整合，包括地方政府、地方以及中央政府的代理机构、国际社会范围内全球治理网络的整合。二是治理功能的整合。它既有同一机构内不同功能上的整合，也有不同功能部门之间功能的整合。三是公私部门之间的整合，即政府部门、私人部门以及非营利性机构之间的整合。

按照上面三个层级的整合，我们可以认为数字政府治理结构的构建需要把数字政府看作一个平台，至少需要设计和规划三种结构整合模式：一是数据整合，包括政府内部不同层级和不同部门的数据资源整合、政府与私营部门的数据整合、政府与公众的数据整合；二是功能整合，包括按照治理目标区分政府内部各个部门的功能并进行整合，区分政府与私营部门的功能并进行整合以及跨区域、跨层级的功能整合；三是能力整合，包括政府的公共服务能力内部整合、与私营部门的能力整合，尤其是跨区域、跨层级的能力整合。

新的数字政府治理结构的设计需要按照能力的视角，基于任务目标的设计，进行治理结构的规划。我们可以以治理结构的紧密程度与利益关系区分不同的数字政府治理结构类型。

流程型治理结构类型。在公共服务过程中，流程协同性治理结构是按照事项的时间、因果、前提条件等逻辑关系形成的流水线型治理结构。

中心型治理结构类型。某个部门处于治理的核心地位，需要与不同的部门、第三方机构和公众进行治理功能协同。

多中心型治理结构类型。多个治理的主体处于平等的地位，共同协调完成某项治理目标，各个治理主体需要平等协商，按照某种协商确定的规则开展治理活动。

纯分散治理结构类型。在这种治理结构中不存在任何处于主导地位的治理主体，各个治理主体的关系和行为是依靠利益结构的协调进行自动协同的，每个治理主体通过市场化的机制进行治理协同，甚至在不同的治理主体之间还存在竞争关系。

（八）核心能力

数字政府治理能力模型对核心能力的定义是：应对“涌现”的知识、规则以及组织运作方式，是一种处置“涌现”的行动力。区块链可以在以下几个方面提供应用价值。

1. 加速组织知识资产沉淀

政务数据使用区块链进行管理并且在政府部门之间进行安全的共享和交换，其数据的真实性和可靠性能够帮助政府部门减少混乱和降低行政成本，从而加速组织内部知识资产的高效率沉淀。

2. 跨部门跨层级自动协同的能力

使用智能合约能够帮助部门跨职能和跨层级进行自动化协同，从整体政府的角度显然可以提高政府应对公共突发事件的智能化处置能力。

3. 应对“涌现”的能力

智能合约能够按照政府的层级权限配置以及职能结构进行规则和条件的配置，实现公共服务的自动化处置，从而提高面对公共事务时跨部门、跨层级的协调性和响应的时效性，应对各种“涌现”。

4. 发现焦点的能力

利用区块链在数据存储和处理上的真实性以及可审计特性，在公共事务中可以提高对问题本质的分析能力，比如可以客观呈现在流程环节中的事务堵点，可以精准洞察公众的需求偏好，可以准确了解公共资源配置的情况，能够通过智能合约汇聚的精准信息和结果发现某些不易为人所察觉的趋势，以上都可以帮助政府部门提高发现焦点的能力。

5. 提高决策的能力

决策能力是数字政府治理中的核心能力，决策依赖高质量的数据，利用区块链对决策涉及的各类主体的数据进行存储、分析和处理，实现决策所涉及的各类主体数据共享的安全，为政府决策提供真实可信的数据，形成高质量的决策能力。

6. 提高路径选择的能力

公共决策往往会涉及多个方案的选择，区块链不但能够提供真实可信的数据、提高路径选对的概率，还可以利用区块链对多部门数据进行安全共享和交换。

（九）数字资产能力

数字资产是数字政府的核心，其中既包括数字化的系统、设备、数据，也包括数据化的资产。既然是资产，就具有资产的基本性质。与数字政府数字资产有关的核心要素有以下三种。

1. 安全的政府数字化基础设施

区块链可以帮助政府构建安全的数字化基础设施，防止网络资产、数据资产、证照资产、物质资产被黑客攻击、被非授权使用。其中，主要是区块链的分布式账本使某个节点的数据遭受损坏之后并不影响整个系统，共识算法能够防止黑客节点的入侵和对数据的篡改，从而防止资产的价值转移。智能合约也能够对数据设施的访问实施精细化的实时控制。这些都可以帮助政府建立安全可信的数字化基础设施。

2. 数据资产的质量

如果使用区块链作为分布式共享数据库对政务数据进行存储和管理，当数据提供者知道会被永久记录的时候，就会对数据的质量控制更加审慎和负责，如果有配套的数据治理法规或者制度形成足够的威慑，数据提供者便不敢提供虚假数据，这样可以提高政务数据资产的质量。

3. 确保公共资源资产的可信交易

使用区块链对各类公共资源进行价值化，为资产的核查、转移、交易、价值分配提供全生命周期的证照验证、资产价值评估、所有权转移、使用权确认，从而为公共资源的交易提供可信的、可审计的、全流程的、全生命周期的监督管控。

（十）核心流程能力

核心流程定义了处置“涌现”的模式以及组织内部不同能力实体之间逻辑衔接的关系结构。使用区块链可以大幅度提高政府内部、政府间以及政府与企业、行业组织的流程效率和响应时间。在数字政府核心流程建设上，我们需要进行以下五种流程的改善和优化。

1. 政府部门间横向治理协同流程

主要是跨部门自动化横向协同能力，在数据融通共享的基础上，对横向管理涉及多部门协同的事务进行协同，改善政府治理的部门间协同能力。

2. 政府与企业之间的治理协同流程

建立政府与企业可信的协同流程，共享治理数据、治理资源需求和治理任务；政府和企业共同提供资源、执行任务，自动进行交易协同和任务协同。

3. 横向数据资源共享交换

数据资源在政府部门间、政企之间进行安全的零信任访问、交换、共享。

4. 纵向治理流程协同

通过向下进行数据和业务协同，提高基层部门依靠数据进行治理的能力。对汇聚到上一层级的数据资源进行安全访问的精准实时地授权，按照下级和基层部门治理的场景、角色、位置、治理对象、事件、部件进行数据资源访问授权。

5. 纵向治理权限精准授权

自上而下对治理权限进行授权，实现权限的可信授权管理，对各个层级的治理权限和协同规范进行固证，并对实时治理过程中自上而下或者自下而上的授权进行动态调整和实时存证，提高纵向协同的能力。

（十一）供应商治理能力

供应商是指为政府直接提供产品、服务、设备的厂商。区块链为政府管理供应商提供了新的解决方案。在供应商资质信用管理、招标管理、设备运行及维护管理、服务评价及共享供应商生态方面，可以充分利用区块链的分布式数据存储与共享、智能合约自动化业务处理能力等方面与供应商建立新型的供需关系。具体来看，有以下六种能力。

1. 建立供应商的信用可信评价能力

对政府供应商的产品和服务以及企业经营行为，通过区块链存证与信用单位、工商单位、税务单位、银行等进行安全可信的数据交换，准确地掌握供应商的信用情况。

2. 建立基于区块链的阳光采购招投标能力

在招投标的全过程中进行区块链化管理，提供招投标的证据链和招投标行为人的全程行为痕迹链。

3. 验证供应商的能力

通过区块链与供应商进行关键能力数据信息安全共享，在无须了解供应商核心机密的情况下，通过区块链数据交换，建立验证供应商的能力。

4. 与供应商的产品建立安全可信的服务关系

与供应商安全地交换设备运行数据，在不泄露隐私和敏感数据的前提下，使用智能合约对设备的运行维护信息进行交换，帮助政府提高设备的维护效率。

5. 使用智能合约对设备进行智能维护作业

供应商开发设备维护智能合约，在经过政府部门或者第三方的代码或者规则安全审核之后，对设备进行自动化的智能维护作业。

6. 共享供应商的生态

可以建立政府关键设备链，通过设备上链，在链上对设备的身份进行统一维护，并在链上共享设备运行数据或者数据指纹，由供应商及其合作方开发智能合约，安全可信地参与政府关键设备的运行维护服务。

（十二）数字生态治理能力

数字政府的数字生态是为政府提供间接的资源、能力或者流程支持的政府部门、企业，也可以是公众个人。合作伙伴与政府并不存在直接的产品或者服务的买卖关系，而是在政府经济社会治理过程中，作为平等主体，通过与政府共享资源和能力，在帮助政府进行公共管理的同时，能够获取自身所关注的利益，其表现是在行动或者价值取向上与政府的治理行为保持一致。政府的合作伙伴包括商业公司、民间组织、公民个人、独立的第三方机构、智囊咨询机构、专业团体或者某些独立的利益群体。使用区块链技术可以使政府部门与合作伙伴重构基于信任的协同关系。这种协同关系具体可以分为以下三种。

1. 建立可信的数据协同关系

利用区块链技术的可追溯、不可篡改的特性，可以重构政府部门与合作伙伴的数据协同关系，在敏感和关键数据协同上，政府部门与合作伙伴之间可以更加开放。例如可以使用智能合约对数据协同进行自动化的管理，减少人工干预带来的低效率；也可以在不泄露关键、敏感数据的前提下使用智能合约进行业务可信验证。

2. 建立自动化的业务协同关系

政府部门与生态伙伴建立业务协同链，双方共同开发智能合约，在共享数据或者能够安全可信地进行数据验证协同的基础上，在公共服务过程中进行自动化的业务协同，例如在环境保护中，公众或者企业参与污染源调查取证、污染源分析、专家论证等。

3. 建立可信的协商机制

基于区块链具备的真实性和隐私性，政府部门与合作伙伴在公共事务协商过程中可以获得真实的数据、真实的企业和个人利益的关切表达。在这个过程中可以提高政府部门与合作伙伴协同的有效性。

（十三）联合能力

数字平台已经成为支配现代国家经济社会运行的关键力量。由于拥有高价值的数据资源，强大的公众联结能力、技术能力以及在经济社会运行中提供高频刚需服务的能力，数字平台成为国家治理能力现代化的关键组成部分。

国际数据公司认为，数字平台是融合技术、聚合数据、赋能应用的机构数字服务中枢。数字平台具有社会价值，主要表现为：技术普惠消除不平等、降低壁垒，以技术服务促进全要素生产率的提升。

区块链能够帮助政府与数字平台建立新的关系，主要是共享数据资源、安全地管理公众及设备身份信息、促进数据交易，建立自动化的协同能力。

在这个过程中,数字平台在某种程度上可以看作数字政府治理体系的一部分。数字平台与数字政府平台共同构成了一个国家现代化治理能力体系的网络，数字平台按照法律和政府的授权在约定的场景下参与经济社会治理。

数字政府平台和数字平台之间可以建立治理链，进行安全可信的数据共享、交换和交易，共同开发经济社会治理智能合约，进行治理任务的自动化协同。

改善公共数据供给能力是与第三方建立开放的数字政府网络的关键，其中包括对数据流通记录的安全管理、精准的授权、与第三方数字资源结构（主要包括互联网公司、电信、社区物业、交通、卫生、应急、科研等部门）进行数字资源整合。

第四章　数字时代政府公共管理策略分析

第一节　新媒体时代政府公共管理方式的策略

一、新媒体时代下的政府公共管理

（一）在海量纷杂的信息中做好正确的指向标

媒体的发展大致包括三个阶段，依次是精英媒体、大众媒体与个人媒体。按照目前的发展形势来看，我国已进入“全民媒体时代”。

目前，微博、微信和短视频平台是新媒体的主要传播媒介。它们受众广泛，影响力大，能够第一时间反映社会热点，时效性强。人们可以在网上参与讨论任何话题，可以随心所欲地留言、评论，互动性强。由此，新媒体的共同特点是“信息量巨大，内容丰富；超文本、及时性、互动性强”。互联网上实时更新的海量信息拉近了政府与群众之间的关系，但同时又大大提高了政府社会管理的难度。对于热点社会事件，群众可以通过手机、电脑等互联网设备将观点和言论发布到网上，这促进了政府与群众的沟通和交流，但是，这种高度而广泛的言论自由也带来了一定的弊端。有些群众在网上肆意发布夸张扭曲的事实或者虚假伪造的信息，把舆论导向带向反方向。在这种情况下，政府该如何将民意导向一个正确的方向成了重要课题。政府要把握正确的风向标，把舆论和民意导向正确的方向。

随着新媒体的不断发展，群众对政治、经济、民生以及社会等各领域信息的关注程度提升到前所未有的高度。群众通过微博、微信等软件可以实时了解最新的信息。但是信息发布者一般匿名发布消息，且有不定时性。对于那些负面的新闻和消息，如若政府处理的态度不当，没有做到公平公正、透明公开，必然就会加剧事态的发展。所以政府要以恰当的方式和公平公正、透明公开的态度处理负面舆论和消息。

（二）改变传统观念和方式，积极适应新媒体

现代信息技术的发展使新媒体的使用范围不断扩大，层面不断拓宽，互联网现阶段在社会各个阶层已普及。基于这种现状，政府在进行公共管理时，在坚持正确的政治方向的基础上，要不断改进原有的封闭、单一的方式。可以运用新媒体为民众提供值得信赖的信息获取渠道和信息交流平台，扩大群众参与度，准确倾听民众声音，满足民众需求，有效指引民众方向。积极主动地融入新媒体时代，积极研究新的公共管理思维和管理方式，以此提高公共管理效率。以新媒体高度盛行和发展的契机，完成政府公共管理方式的创新和转型。

（三）新媒体时代下的群众应自觉配合政府的公共管理

随着我国现代化进程的不断推进，各种矛盾日益显现，并不断复杂化，这是发展的“阵痛”，我们应该理性看待负面信息。要相信政府的权威，坚定自己的判断和立场。可以通过可靠、正规的渠道，向政府表达自己的意见，不要轻易被网络言论误导。

新媒体是一把“双刃剑”。新媒体时代的来临虽然为政府的公共管理带来了难题，但同时也带来了崭新的发展机遇和契机，提供了发展改革的动力。在这一机遇下，我国政府要抓住机会，立足国情，推陈出新，革故鼎新，拓宽渠道，收集民意，积极完成公共管理方式的转型，做到真正地为人民服务，促进和谐社会的发展。

二、新媒体时代政府公共管理方式的主要策略

（一）重新认识信息公开的重要性

确保政府公共管理工作的顺利开展，政府部门首先要认识到信息公开的重要性。政府的工作宗旨是为人民服务，信息内容都是为了满足大众的需求，提高大众的生活质量。因此，政府应该充分信任大众的判断能力以及理智，对于该公开的信息要给予准确、全面、及时的公开，确保公民对政府信息的知情权；同时对于大众所关心的热点问题，为了避免错误信息的传播以及信息的透露，政府更应该充分掌握信息发布的主动权，主动公开信息。对于突发事件以及重大事件，政府要做到信息的及时发布与反馈，尽量避免错误的言论的传播。对于网络中的热点问题，政府要长期坚持客观、及时、全面、真实的信息发布，从而建立政府与

民众之间的信任关系，确保工作的开展。①

（二）建立信息公开长效机制

针对政府信息公开等一系列的相关问题，我国已经颁布《中华人民共和国政府信息公开条例》，但是在执行过程中仍然存在一些问题。我国政府直属单位众多，情况也各不相同，管理起来具有一定的难度。很多政府部门信息公开的工作并没有实现常规化，对于公开信息的选择更多的是公开一些基本的信息情况。例如，对于涉及民生的重大违法案件，许多执法部门仅是公开了相关的违法事实，对于违法单位并没有给予公开。在办事程序方面，很多单位仅对大概流程进行了简要公开。对于每个流程所需要的材料、细节并没有作详细介绍，或者有些即使公开了却与实际情况有所差别，这些情况很可能延长了办事时间，给大众造成了很大的困扰。同时许多部门对于本部门的工作情况，往往只是对个案情况或者某些方面进行信息的公开，对于部门的整体信息没有明确的公开。如此种种情况的出现都违反了《中华人民共和国政府信息公开条例》。因此，政府应当建立信息公开长效机制，充分利用新媒体进行信息的公开，以确保民众的知情权。

（三）改变信息公开方式

对于信息公开，很多政府部门并没有真正理解其现实意义，认为只要按照上级要求将相关信息公开就可以了，但是却没有考虑大众对于政府政策并不熟悉，因此对于一些公开的信息很容易产生误解，导致不必要的问题发生，甚至造成恶劣的影响。政府应该积极完善信息公开的方式，特别是对于重大事件或者政府进行信息公开时要选择正确的时机，向大众进行相应的解释。一方面帮助大众正确理解信息内容，减少后续烦琐的解释；另一方面充分发挥政府舆论的引导作用，确保政府公共管理的顺利进行。

（四）完善政府网络的服务功能

网络技术的普及以及科技的快速更新，加速了新媒体时代的到来。为了适应新媒体时代，各地政府纷纷建立了相关网站以便信息公开。但是就目前的实际情况而言，很多政府的网站并没有实现其预期应有的作用与价值。通过登录某些政府网站，我们可以发现网站信息长时间没有更新，很多政府信息无处查询，通过

---

① 张小雨．新媒体时代政府公共管理方式的对策探讨 [J]. 农家参谋，2018（19）：295.

网络办理业务的功能更是少之又少，甚至很多网站上的电话都是查无此号，如此类型的网站建立如同虚设。因此，政府应该充分认识到网络在新媒体时代的重要意义，加强政府网络的管理与维护，同时应该及时更新政府信息，做到信息准确、全面、及时的公开。通过完善政府网络的服务功能，以便收集民意、方便群众、提高工作效率。

第二节　融媒体在政府公共管理中的应用

一、融媒体与政府公共管理的内在相关性

（一）政府公共管理的内涵界定

所谓“政府公共管理”指的是以政府为主体，通过与之相关的公共部门对社会力量的整合，运用经济、政治、法律等方面的手段，所形成的对公共事务进行管理的公共管理机构。该机构的出现使政府的管理能力有所加强，同时提高了为人民群众服务的质量，在满足公共需求的前提下，实现了社会利益的最大化，成为国家和社会事务管理中的重要组成部分。

（二）政府公共管理的环节及基本特征

就政府公共管理的内容而言，其主要包括进行管理的主体、具体管理的内容、实际管理的目的以及所提供服务的对象。其中，其主体部分是政府，为共同利益履职的相关组织及部门也是当中的一部分，一般都是以非营利为目的。而就公共管理的主要内容来看，包括资源、项目以及社会发展中所出现的问题。实行公共管理的目的是实现社会公众的共同利益，达到促进整体协调发展的目的。公众管理的服务是面向广大群众，因此人民群众是其主要的服务对象。总而言之，政府公共管理是一种协调性的活动，是对社会生活中所出现的组织、事务、活动以及资源进行管理，以确保公共利益的实现，其本质不具有排他性质和竞争性质，同时也不具有营利性质。除此之外，就政府公共管理的发展来看，呈现了动态性的变化，即随着政府管理的变化而产生相应的改变。因此，与时俱进是其最大的特点。政府公共管理会随着社会发展和变化趋势以及当前的实际情况进行调整，以

满足公众的需求。总而言之，政府公众管理是过程与结果相结合的管理，其中对于结果的管理更为重视。在过程当中，既追求效率，也重视公平，通过制度和技术的不断加强，促进管理方式的创新和效率的提高。同时，管理的内容也在不断转变，逐渐朝着服务管理方向发展。

（三）融媒体与政府公共管理的总体关系

在政府公共管理过程中，融媒体能够深入其中，同时促使其管理效能得到提高，也因此两者之间具有较强的联系。融媒体与政府公共管理协调合作，能够为社会大众提供方便快捷、高效以及创新的服务。两者的关系总体如下。

1. 融媒体是政府公共管理职能扩展和延伸的平台

随着信息化建设在全国范围内各行业领域及部门当中的推进，融媒体对于政府公共管理部门来说，已成为与人民群众进行有效沟通的工具，缩短了两者之间的距离。通过融媒体，政府公共管理部门可以在公共事务管理平台上上传相关的政策信息，同时根据群众的反馈意见发现其中存在的问题，预防和解决突发事件。除此之外，通过融媒体还能够对人民群众提出的实际问题进行解答，有效提供民生方面的帮助，实现衣食住行方面的信息资源共享，使公共管理提供的服务以及相关政务信息更加响应民意。

2. 融媒体促进政府公共管理服务一体化

融媒体面向的群体广泛，是从全方位、多角度实现信息公开、信息共享的平台。就我国政务职能机构的发展情况来看，其在长期发展过程中形成了层级划分和属地归属，呈现自上而下的管理方式。然而，根据行政层次以及归属地的不同对公共进行管理，所提供的服务效率会大打折扣。在此过程中也会造成政务信息传播不及时，服务不到位的现象。融媒体的运用能够跨越等级划分，实现各地区以及各行政区间的政府和群众的对话，同时在公共留言版块，公众能自由表达意见，并提出问题，使公共管理更具人情味。此外，通过融媒体，公众可以随时随地地查询政务信息获得所需服务。总而言之，融媒体使各行政层次以及各地区的公共管理部门之间实现联动，形成了为公众提供一站式服务的平台，有效提高了行政管理水平，实现了管理和服务的一体化。

3. 融媒体参与政府公共管理，将电子政务和服务型政府相结合

就融媒体而言，它是一个中立的平台，能够接受社会公开的监督。融媒体以信息为载体，能将政府及相关公共管理部门的具体职能和行政信息以及相关的管

理流程进行整理、发布，再接受社会公众的监督。同时，社会公众也能参与其中，成为管理者的一部分。当前随着融媒体的发展，政府与公众之间建立了沟通的桥梁，缩短了两者之间的距离，融媒体也成为公众表达民意、集思广益、行使监督权以及参与社会公共事务的重要渠道。当然这也会使政府在工作中承担不少舆论压力。融媒体是对电子政务的创新，是对公共管理模式的重大变革。为公众提供优质的服务是政府及管理部门的义务所在，也是其对社会作出的承诺。融媒体加强了公共管理主体及服务对象之间的交流互动，服务对象的意见和建议也能够通过融媒体在相应的平台中进行表达，正因如此，越来越多的人使用融媒体，政府及公共管理部门作为融媒体的主体在此过程中的认可度也会得到提高。①

二、融媒体在政府公共管理中的案例分析

《人民日报》“中央厨房”融媒体的建立极大促进了媒体融合的发展。“中央厨房”在2015年“两会”期间进入试运行阶段，凭借对资源的感知能力和多年经营传统媒体的经验，推陈出新，进行新闻报道方式的改革、传播方式的改变，并取得了良好效果，也推动了行业内的变化。2016年，“中央厨房”又开始尝试新的媒体变革形式，10月，融媒体工作室计划正式进入试运行阶段，将旗下的报刊和媒体融合为一体，通过新型传播方式提高报道质量。

第一，内容方面融合。融媒体工作室和“中央厨房”针对受众的不同信息需求，创造多元化报道方式，根据受众喜好对报道内容进行优化。报道针对不同群体，分为时政、国际、教育、社会、艺术等多个领域，打造出独属于自己的品牌。融媒体工作室和报纸各自具有优势，两者的有效融合，必然实现优势互补，提高受众满意度。内容同质化严重和传统媒体传播速度慢一直是需要面对的主要问题，同样也阻碍了媒体的融合。《人民日报》的“中央厨房”融媒体，充分利用自身的丰富经验，并且在政策的扶持下，扬长避短，不仅对《人民日报》的报道方式推陈出新，还向其他领域进行延伸，如H5、VR以及其他种类的媒体作品。

第二，实现跨界融合。融媒体工作室主要通过激发参与人兴趣的引导方式，实现新闻高度融合。对报社组织管理形式来说，融媒体工作室人员打破现行组织模式，实现部门之间的重新组织，在不妨碍原部门工作的前提下，采编业务人员都可以根据自己的兴趣，选择自己的业务团队。每个团队有3 ~ 5个人，由从事

① 李萌．融媒体在政府公共管理中的应用研究[D]．重庆大学，2020.

媒体工作多年的领导者带头，吸引同样对报道领域内容有兴趣的同事加入其中。融媒体工作室实现了“三跨”：一是跨领域。既然是全面融合，就不能再拘泥于原有的媒体组织形式，各个媒体工作室和相关部门机构，如纸媒、门户网站以及其他媒体形态要实行跨领域组合。二是跨地域。在“中央厨房”提供的技术支持下，地域不再是融媒体工作开展的限制因素。线上工作，可以实现不同地区乃至不同国家的合作。三是跨专业。融媒体工作室的创建目标并不是服务于《人民日报》内部机构以及某一部门单位，而是以开放、合作、共赢为创建理念，吸引报社内外具有真才实学和融媒体兴趣的专业人士参与进来，共同交流进步。

第三，新闻联动报道。融媒体工作室新闻报道一直以来遵循着这样的原则，新闻选题报道内容首先经由工作室自行审核，审核合格后，中央厨房将采取采编一体的形式进行第二次审核，审核合格之后，再由三大总编室做最后一次审核。三次审核都通过的新闻报道才能上线媒体平台。新闻选题需要紧密结合时事，把握国际和国内动向，定期进行选题上报。如若工作室有了重大选题，只有得到了总编室的同意之后才可以进行相关报道。

第四，“中央厨房”支撑。“中央厨房”的成立目的和作用是为融媒体工作的开展保驾护航，为《人民日报》记者的内容创新、技术推广运营，提供后续技术操作和成本投入以及资金支持。只有在完善的“中央厨房”体系下，工作小组进行内容生产时，才能够采取先进的技术。先进的管理平台和技术支持，为内容创作提供了必要保障。“中央厨房”沿袭了《人民日报》严谨细致的做事风格，专门引进了技术研发与推广运营的技术人员，致力于新产品在多个领域平台的传播。

第五，“一室一策”考核。《人民日报》新闻协调部将根据每个季度的新闻发布情况和任务完成情况以及传播效果进行评价。由于各工作室人员在产品结构、选材方面差异较大，工作室考核时秉承着“一室一策”的宗旨，每个工作室在成立时都需要根据自身实际情况和工作完成情况设立考查评价标准，然后经工作室评审委员会确认后执行。工作室考核评价一共由两个部分组成，首先是工作室内部自我评价标准，其次是“中央厨房”的审核。工作室需要在每个考核期向“中央厨房”提交考核表，由“中央厨房”对工作室工作完成情况进行考核。重点考核新闻传播情况和合作媒体传播效果，同时针对工作室存在的问题提出指导意见。除正常发放薪资外，对于在考核评价中获得优秀的作品，“中央厨房”将采取一定的奖励措施。

第三节　电子政务环境下的政府公共管理方法

随着社会信息化的发展，尤其是电子政务进程的加快和全球经济一体化的推进，以及世界范围内公共管理改革的兴起，各国政府都较为重视公共管理方法的变革，以此来推进公共管理改革进程，实现改革目标，巩固改革成果。由于各国社会制度、历史传统以及改革实践的差异，电子政务环境下公共管理方法革新的具体措施和实施程度也不尽相同，然而就其所呈现的总体趋势而言，是存在共性的。

一、电子政务环境下政府公共管理方法的实施原则

（一）系统管理与信息管理相结合

近年来，系统管理作为一种有效的管理方法，在公共管理领域得到了越来越多的运用，这是因为行政系统不是孤立存在的，它是外界大系统中的子系统，同时又是整合内部各子系统的大系统。行政系统作为一个整合系统，内部又包含行政目标子系统、行政机构子系统、行政人员子系统、行政价值子系统等。各子系统之间相互联系、相互作用，共同构成一个完整的有机体。掌握系统方法的整体性特征就在于求得行政管理整体的最优化，在具体的行政管理活动中始终做到从整体出发。运用非线性思维考量系统整合，使行政系统的整体功能大于各子系统功能的总和，使行政系统在最优化的环境中运行，达到最优效果。

同时，在行政系统内部各子系统相互整合以及行政系统与外界环境相互作用的过程中，信息系统起着至关重要的作用。这种基于一定电子化的信息沟通渗透到公共管理过程的各个环节，它将管理的各种职能连成一个整体，使系统与外部环境保持联系，人们只有通过信息沟通才能判断所做的事情及其成效是否符合计划的要求。因此从某种程度上讲，管理系统就是信息系统。所谓信息管理就是管理主体获取、加工、传输、储存和运用信息的全过程。有效的信息管理对于公共部门来说是必不可少的，信息的真实性、及时性和科学性是公共管理者在复杂的决策环境下作出正确决策的必要前提。成功地构筑一个信息平台，有赖于行政系统内部完善的信息沟通机制和现代科学技术的有效应用，它是公共管理实现科学化的基础和媒介。特别是在当今社会，信息化浪潮席卷全球，网络已经延伸到社

会生活的每一个角落，为了迎接网络时代对政府管理提出的新的挑战，提高国际竞争优势，目前多数发达国家都已加快了信息基础设施的建设。推进政府办公自动化、网络化、电子化和全面信息共享，利用信息技术改革政府的组织和管理，构建“电子政府”，为社会公众提供更广泛、更便捷的信息服务，全面提高政府的行政效率和服务品质，以适应高速发展和变化的 21 世纪信息时代的要求。

在公共管理实践中，系统管理作为一种科学的管理方法，可以促使公共管理者对行政环境进行全面的分析与调查，充分考虑各种相关因素，更合理地利用组织资源，实现管理目标。而有效的信息管理则是系统管理成功运作的基本保障，它贯穿系统管理的全过程，是公共管理者进行系统整合和对外联系的桥梁和纽带。只有将这两种管理方法相互融合，才能保证公共管理在行政生态良性循环的基础上实现科学化。

（二）规范管理与权变管理相结合

公共管理规范化是公共事务日趋复杂以及社会公众对公共管理的期望不断提高的表现。电子政务环境下的政府规范管理可以减少管理工作中的随意性、盲目性，保证组织系统协调有序地运转，降低系统运行成本，为组织创造一种相对稳定的内部环境。作为公共权力的行使者，发达国家政府为了实现对社会公共事务的规范管理，都在努力追求政府权力配置和运行的规范化，具体体现在：一是权力运作方向的规范化。即政府越来越倾向于减少行政权力对微观经济生活的直接干预，改革资源配置方式，主要依靠法律手段和经济手段进行管理，充分发挥市场机制的作用，明晰行政权力的界限、定位和行使方式，规范政府的管理职能和管理行为。二是权力制约机制的规范化。即在科学界定政府职能和权限的基础上，进一步加强对需要保留的权力的监督制约。按照分工制衡的原则，一些发达国家政府部门都建立了相应的分级决策制度、联审会签制度等，明确界定了各部门或各岗位的职责权限，保持权力和责任的对等统一，防止有责无权，或有权无责。对于各种失职越权行为，相关部门和岗位担负起监督和制衡的责任，防止权力滥用或以权谋私。三是权力运行程序的规范化。即在公共管理改革的过程中大力推行政务公开，提高权力运作过程的透明度和可预见性，切实做到规则公开、程序公开、结果公开，建立和完善相应的听证制度、信息查询制度和咨询制度等，避免“暗箱操作”的出现，减少腐败产生的土壤。规范管理对于维持行政组织的稳定运作，强化行政组织的协调机制具有不可替代的作用。但是强调规范管理，并不等于否定公共管理的创新职能。在科学技术飞速发展，社会全面进步，观念变革日新月异的条件下，公共管理因素是纷繁复杂，不断变化的，它要求公共管理者必须以创新的方式及时应对管理中出现的新情况、新问题，使创新贯穿公共管理的整个过程。因此，在重视规范管理的同时，有必要引入一种新的管理模式，即权变管理。推行权变管理的积极意义就在于使公共管理者在管理实践当中不被僵化的规范束缚，善于把握内外环境的变化趋势，积极培养创新精神，依靠创新管理来增强行政组织的弹性和活力，运用创新成果提高管理效能，使组织的目标和存在形态与不断发展的社会需求相吻合。

（三）绩效管理和人本管理相结合

随着社会的不断发展，一方面政府功能不断扩张，行政成本日益提高；另一方面社会公众又期望政府以最经济的手段提供更优质的公共服务。为了解决财政压力和社会需求之间的矛盾，近年来，许多国家都将绩效管理作为政府再造的重要策略。这种以绩效为目标的管理模式采取了经济学的成本—收益分析方式，有利于提升政府的行政效率和管理能力，使公共资源得到合理有效的利用，但是这并不意味着绩效管理单纯强调效率原则。它还包含了顾客至上和公共责任的服务理念，有利于改善政府和社会的关系，提高社会公众的满意程度，这也正是绩效管理与单纯以行政效率为目标的传统管理模式的区别所在。公共管理领域如果长期将“唯效率论”作为政府得失及其政策优劣的评判标准，势必会导致人们对政府工作和政策结果的实物化追求，进而使公共管理直接或间接地出现一定程度的以物为中心，单纯追求经济或实物增长的现象。这种盲目地以物为中心的偏好，反映了片面追求经济增长的“见物不见人”的局限，忽视了作为生产力中最活跃因素的人的全面发展。绩效管理的提出，则弥补了效率目标的局限，它将公共管理的高效化寓于社会的可持续发展中，而人的全面发展则是可持续发展的本质要求。作为人与资源、生态和环境发展系统中的主观能动力量，人的自身发展，不仅是为了提高人类协调这一发展系统的能力与自觉性，更重要的是作为发展系统中最活跃的因素，能以自身“没有束缚”的发展，持续不断地创造拓新能力，作为在知识经济时代可靠的、可持续供给的资源，推动经济、社会可持续发展。正是因为以绩效为目标的管理模式包含着对人的价值及人的发展的肯定，政府在追求绩效管理的同时，也应该将人本管理作为与之相配套的管理方式加以实施。

人本管理就是以人为本的管理，即把人的因素当作管理中的首要因素和本质因素，它是与“以物为中心”的管理相对应的概念。具体来讲，它是把人作为管理活动的核心和组织最重要的资源，把组织全体成员作为管理的主体，围绕着如何充分利用和开发组织的人力资源，服务于组织内外的利益相关者，从而实现组织目标和组织成员个人目标的管理理论和管理实践活动的总称。有效的人本管理要求组织内部必须建立一套完善的运行机制与之相适应，如更新机制、激励机制、约束机制、保障机制等。各种机制相互配合、相互协调，为组织实现人本管理提供制度化保障。人本管理不仅适用于私人部门，它的基本理念和方法同样适应公共领域的人事管理，尤其是在知识经济时代的背景之下，有效的人本管理是提高政府绩效的重要途径。重视人力资本的开发和利用，倡导科学的人性化管理并在此基础上建立“学习型组织”和“学习型社会”，通过增强公共部门的竞争优势和人的全面发展来促进整个社会的全面、协调、可持续发展，这对于国家和社会的发展具有重要的战略意义。

（四）政府治理和非政府组织自治相结合

公共管理社会化是西方行政改革的重要内容之一。所谓公共管理社会化，是指在社会管理和公共服务领域，改革传统的由政府大包大揽的做法，将一些职能通过向社会转移或委托代理等方式，转移出政府，以达到提高行政效率，节约财政开支的目的。其本质是要运用市场机制的作用，推动政府管理的现代化。

在市场经济条件下，由于市场失灵和市场缺陷的存在，政府必须承担起维护社会秩序，管理社会公共事务的职能，为社会提供有效的公共产品和公共服务，满足人们对于公平、繁荣的理想社会的向往与追求。毫无疑问，政府仍然是我们这个时代的核心治理者，其所拥有的权力优势和资源优势是其他任何社会组织都无法比拟的，政府必须认真履行对公众的职责和使命，实现对社会的有效治理。政府治理有利于在社会资源的配置过程中形成政府与社会的良性互动，实现公共管理主体的多元化，这也是实现公共管理社会化的关键所在。

随着社会的进步、市场经济的发展以及政府管理模式的变革，非政府组织作为一股非常重要的社会力量已越来越引起人们的关注。非政府组织是介于政府与社会、政府与企业之间的一种社会组织。这种组织既不是政府的，也不是企业的代言人，但它又不能完全离开政府的方针政策而独立行为，也不能同企业一样以营利为目的；它为社会，包括企业提供各种政府行政机关难以做到的服务；它不是政府的派出机构，而是联系政府与社会、政府与企业的桥梁和纽带，是介于政府和企业之间的第三部门。非政府组织作为社会自治的一种重要途径，在社会生活领域发挥着极为重要的作用，它与政府、市场在公共管理中形成了三种相互补充的功能。它的发展壮大，有助于改善政府与社会之间的关系，提高社会的自我管理能力。在当代不管是发达国家，还是发展中国家都在努力改变政府的治理格局，通过邀请、授权、委托等方式引导和支持非政府组织的发展，充分利用各种社会力量，实现政府与社会的良性互动。在美国、加拿大、法国、荷兰等很多发达国家，非政府组织已成为一股显著的力量，在公共管理领域发挥了重要作用，弥补了政府单一治理的缺陷。在亚洲和非洲的一些发展中国家，尽管由于种种历史和现实的原因，非政府组织发展仍存在诸多障碍，但是其发展规模以及自主运营权利较之以往有很大的改善，政府对其重视程度日益提高。而政府治理与非政府组织自治相结合，不断推动公共管理走向社会化的过程，也就是逐步实现“善治”的过程。按照我国学者俞可平的观点，善治就是使公共利益最大化的社会管理过程。善治的本质特征就在于它是政府与公民对公共生活的合作管理，是政治国家与公民社会的一种新型关系，是两者的最佳状态。在市场经济体制日趋完善，公民自治能力日趋提高的条件下，通过加强政府与非政府组织的合作治理来寻求“善治”，显然是一条十分正确的途径。

二、电子政务环境下政府公共管理的宏观方法

虽然每个国家面临的具体社会环境、政治环境和经济环境有所不同，每个国家在实施政府流程再造方面所采取的具体措施、具体政策有所不同，但各个国家在建设和发展政府流程再造过程中却表现出了许多共同特征，都有基本相同的战略目标和战术运用。客观地说，由于一些国家政府流程再造的实施主要是基于政府再造运动的需求而提出和发展起来的，其基本的战略目标和战术运用无疑渗透和扎根于政府再造过程中所采取的各种政策举措和技术方法里面，从宏观层面来看，其内容大概有以下几个方面。

（一）公共行政民主化

1. 权力分散

权力分散涉及民主的价值本原，体现出权力向社会和公民回归的社会历史趋势。包括“分权”和“权力的非集中化”两种做法，前者是权力与责任的一起下移；后者是将不包括决策责任的权力下移。权力分散的好处主要体现在以下几个

方面：①分权的机构比集权的机构有更多的灵活性，它们对于公众需要的变化能够迅速地作出反应；②权力分散的机构比集权的机构更有效率；③分权的机构比集权的机构更有创新精神；④分权机构能产生更高的士气、更强的责任感、更高的生产率。在这方面，瑞典政府以其在中央和地方承担广泛的公共服务职能的众多自治机构或代理机构而著称于世。在 20 世纪 90 年代的改革中，它所普遍实行的各部自主权为其他国家树立了典范。如荷兰政府的“自主化机构”、丹麦政府的“契约局”或“国有公司”、法国政府的“责任中心”、加拿大政府的“皇冠公司”以及“特别执行局”、澳大利亚的“国家公司”等，都与瑞典的做法有异曲同工之处。①

2. 放松规制

规制是指政府为谋求社会整体利益，设立并依据一定规则对社会特定主体限制权利或课以责任的强制性行为。规制分为政府内部管理规制和政府外部管理规制。外部管理规制又有经济性规制和社会性规制之分。经济性规制主要是政府为确保市场公平竞争、资源配置有效和保障消费者利益而对经济主体设立的一系列认证、许可、条件、标准等的规则。社会性规制主要是政府为了保证社会安全和公民权益而在相关领域设立的一系列规则。伴随各国政府职能的扩张，规制功能逐渐走向初衷的反面，成为限制政府发展、企业运营和公民自由的工具。放松规制的基本出发点是：政府无效率的主要原因是对管理层进行控制的内部规制和规则的数量太多，它们包括人事规则、僵化的付酬制度、预算规则、具有约束性的采购法规以及许多别的规则。放松规制的基本理论假设是如果公共组织能够清除这些清规戒律，它就能够更加富有灵活性和效率。最典型的例子当属 1993 年美国政府发表的“戈尔报告”，它全面系统地提出了联邦政府层级放松规制的战略。

（二）公共管理企业化

企业化的目的在于将企业文化有针对性地、有条件地移植到公共行政中，从而提高政府工作效率。它所针对的一种对象是不能进行完全民营化的国有企业事业单位，另一种对象是政府内部可以独立提供公共服务的行政执行部门。

针对政府里面那些既不能撤销又不能出租，同时又可以与核心决策职能分开，并具备一定规模和明确服务业务的部门，各国尝试将其从原来的部委整体机构中独立出来进行公司化运作，在主管部门的政策指导下专门履行具体公共服务的供

① 王天伟．电子政务环境下的政府公共管理方法研究 [D]. 大连理工大学，2008.

给职能。通过竞争产生的机构主管获得有关人事、财政、领导、工资与福利等方面的独立管理权限，同时又要接受与行政待遇挂钩的管理绩效考评。在这些公司化的改革中，政府借鉴和模仿了企业所惯用的人力资源管理方法、主管人员的产生方法、灵活的工资制度和业绩奖励办法以及效益管理方法。

（三）公共服务市场化

公共服务市场化是指通过政府与社会之间的合作，利用竞争机制、价格机制、供求机制与约束机制，调动社会资源参与政府公共服务的供给过程，从而实现政府以较少的资源与较低的成本来实现提供数量更多、质量更高的公共服务之目的。

公共服务市场化的基本理念是引入竞争机制，其主要集中在三个层面上，即公与公之间的竞争、公与私之间的竞争、私与私之间的竞争。

1. 公与公之间的竞争

公与公之间的竞争是指在政府内部引入竞争机制，或者称为强化内部市场。传统的公共服务提供方式是将服务对象按地域或其他标准进行分割，为他们提供垄断性的集中配置服务。政府内部引入竞争机制是指改变传统的集中配置做法，缩小服务供给机构的规模使其更加专业化，给客户自由选择服务机构的权利，迫使服务部门不得不为赢得“顾客”而展开竞争。

2. 公与私之间的竞争

公与私之间的竞争是指政府与企业之间的竞争。通过将政府垄断的服务部门如交通、电信、邮政、水电等推向市场，打破政府垄断格局，形成多家市场主体竞争的局面。政府的主要职能是扶持行业协会，制定市场准入规则、竞争规则，维护市场竞争环境。这样做不仅避免了国家对企业经营活动的直接干预，同时还可以引导企业，使之与国家政策计划协调统一。

3. 私与私之间的竞争

私与私之间的竞争是指企业之间的竞争。政府通过招标的方式将一些后勤业务，如环卫清扫、医疗卫生、消防救护、职业培训等出租或承包给不同企业，形成不同企业之间的竞争，以提高公共服务的供给质量和供给效率。如英国政府进行了公共服务的承包制度改革。具体的做法是通过竞争性的招标办法，政府与政府之外的私营公司签订合同或协议，把以前由政府提供的某种服务承包给私营公司，由私营公司向社会提供这些服务。政府的执行机构也可以像私营公司那样参加投标竞争。

（四）公共运营信息化

公共运营信息化是随着信息技术在世界范围内的迅猛发展，特别是互联网技术的普及应用，在政府管理领域出现的崭新事物。公共运营信息化即建设信息化政府，就是利用信息和通信技术，有效地实现集行政、服务及内部管理等政府行为功能于一体的，在政府、社会和公众之间建立有机服务系统的人机结合的集合。信息化政府建设由政府组织，综合税务、工商、邮政、交通、运输、教育、海关、银行等业务部门，通过多媒体和网络为公众提供电子化政府服务和电子化商业服务，其核心是电子政务，具有以下三个层面的内容：第一，政府机构各部门实行电脑化、网络化和信息化，以帮助提高政府在行政、服务和管理方面的效率。信息化政府利用信息技术，积极推动精简组织和简化办公等工作。第二，利用政府内部建立的网络、信息为公众和社会提供优质的多元化服务。政府的信息网络覆盖政府的各级部门，信息化政府利用统一的信息资源，通过语音、互联网等现代化手段，为公众提供简便的多元化服务。第三，以政府的信息化发展推动和加速整个社会的信息化发展。只有向公众展示高新技术的应用，让社会享受信息网络的便利，才能切实地推动全社会信息化的发展。

信息化政府的出现使政府管理进入了一个新阶段。电脑网络将政府部门与企业、公民联为一体，不仅大大节省了管理者的管理成本，还节省了被管理者的时间及费用。企业和个人可以通过政府的服务网络足不出户地办理，如申报纳税、查询企业增值税号、向统计局上报外贸统计资料、申请政府贷款、查阅政府文献、向政府咨询相关事宜等。作为一个必然趋势，各国政府在政府流程再造过程中都充分利用公共运营信息化这一方式来促进改革目标的达成。

第四节　大数据与政府公共管理决策的探析

网络发达催促着社会各领域要以网络科技为基础开展日常工作，这样才能保证自身不被竞争激烈的社会淘汰。基于发达的网络技术而生的大数据对于各行业都有很大的益处，对于政府工作同样如此，在政府公共管理中合理使用大数据能够让政府获得更准确、更及时的信息，使政府充分发挥稳定社会的功能。

一、大数据的特征以及在政府公共管理中的属性

（一）大数据的特征

讨论大数据的特征应该从大数据本身的结构层面出发，从大数据的结构化、半结构化、海量性、价值性等方面对其特征进行介绍。结构化指的大多是企业的人事以及财务系统产生的数据。非结构化指的多是电子邮件等形式的数据。而海量性是大数据最明显的特征，因为每天各种信息和数据都是呈几何式增长的，数据量极其庞大。大数据的价值体现了其能够为社会各领域提供有利于发展的信息，通过不断挖掘信息背后的价值，能够最大化利用信息。

（二）大数据在政府公共管理中的属性

大数据的特征决定了其在公共管理中具有重要属性，大数据在社会各领域有着十分广泛的应用，成为推动社会发展的重要力量。对于公共管理而言，大数据让政府在公共管理的过程中更有效率、更加精确，同时也为政府制定公共管理策略提供了重要的数据支持。因此，大数据不仅对社会各领域有积极的推动作用，对政府工作的推动作用也非常大。

（三）大数据的应用对政府公共管理的意义

首先，大数据全面采集、整理、分析各种信息，在这个过程中不仅避免了人力收集信息的不足，更实现了信息的全面性，政府应用大数据可以让决策更加科学，能够有效规避公共管理决策造成的风险，极大地提高政府的决策水平。

其次，互联网技术的发达使社会上各种事件都能及时出现在人们眼前，因此依据互联网而生的大数据具有实时的特性，政府可以通过大数据及时获取各种信息，更快处理各种事件，为人们提供方便。

最后，应用大数据能够让政府公共管理决策更及时、水平更高。大数据的公平、公正、公开特性促使政府更积极地开展公共管理工作，提升了政府工作的积极性。

二、政府公共管理中大数据的应用策略

（一）注意数据的隐藏性、虚假性

数据本身不会说谎，但是提供数据之人可能会造假，因此在使用大数据的过

程中必须对获取的信息进行分析和整理，从原始数据中分离出有使用价值的数据，挖掘出数据背后所隐藏的价值是非常关键的。政府在实际操作的过程中要明白大数据是十分复杂的，通过大数据来获取想要的信息就必须查明其真实性，通过筛选和分析，整理出真正对政府公共管理决策有用的信息，并将其运用到实处。只有在使用过程中注意数据的隐藏性以及虚假性，才能使大数据在政府公共管理之中发挥重要的作用。①

（二）强化信息以及大数据的管理

政府在使用大数据时要明白，大数据虽然有提高政府工作效率、政府决策准确性等好处，但是其在应用过程中也有着不利的影响。例如，政府公共管理工作中可能会使用到公民的个人信息，如果公民的个人信息泄露就会对公民的个人生活造成非常大的影响，如电话推销、贷款信息等都会打扰到公民的正常生活，更可能让不法分子利用信息对公民进行“人肉”搜索，造成潜在的危险。因此，政府在使用大数据时，要做好对数据的保护，要明白信息安全的重要性，针对这一点需要有关部门早日完善相应的法律法规，使各级政府在使用信息的过程中也能被监督，从而规范、指导各级政府利用大数据进行公共管理工作。

（三）强化对国家数据的保护

数据在国家安全中的地位十分重要，政府在公共管理工作中必须将国家安全考虑在内。在大数据的环境下，国与国之间在数据的应用上也体现出了竞争态势，国家的权力已经不止于维护领土完整，还有对数据的保护。因此，政府在进行公共管理决策时必须对涉及国家安全的数据进行严密保护，以防止大数据被别有用心的人利用，损害国家的安全。

（四）正确看待大数据对于政府公共管理的作用

政府在网络时代应用大数据开展公共管理工作是十分必要的，但凡事有利就有弊，大数据也是如此，它既虽然可以帮助政府开展公共管理工作，但也有可能对公共管理决策产生消极的影响。所以，政府在开发大数据、使用大数据的同时还要积极宣扬其中的正能量，规避负面影响。如此，才能让大数据真正发挥推动政府公共管理决策的作用。

---

① 牛国兰．大数据与政府公共管理决策的探析 [J]. 现代营销（创富信息版），2018（12）: 117.

第五章　数字政府与公共管理多维探究

第一节　数字政府的公共管理模式创新

新时代需要积极运用信息化技术打造数字政府，实现公共管理模式创新，只有这样，才能提升数字政府公共管理工作能力，实现造福社会、人民的发展目标。

一、政府公共管理中引入数字化办公模式的重要性

数字政府公共管理模式，其本质可以理解为“政府在公共管理工作中通过对数据的应用实现日常管理，通过对数据库软件工具的使用达到获取数据的目的，并通过整理、解析数据内容，获得最终定论”。该管理模式存在时效性强、规模庞大、类型多等特点。

在数字政府公共管理工作过程中，公共管理的主体由政府充当，以满足公共利益为全体人民服务。

第一，基于政府内部分析，采用数字政府公共管理模式，有助于政府在公共管理工作中有效收集、应用、解析数据信息，更可结合分析结果，完成预警机制的设计、应用，不仅有助于调整、完善传统思维，也有助于应对社会发展带来的全新挑战，为创新变革提供契机，避免信息“孤岛”现象的发生，实现共享数据资源的目标，让传达的信息更加高效、通畅，以此提高政府公共管理的有效性。

第二，基于政府外部分析，可以向公众实时反馈政府相关信息，提高政府工作透明度、公众参与度，以满足公众的监督权、参与权等需求，以利于提高政府公共管理水平。[①]

---

① 高宇 . 浅谈数字政府的公共管理模式创新 [J]. 佳木斯职业学院学报，2020（4）:268–269.

二、数字政府的公共管理模式创新举措

（一）调整传统政府公共管理模式，做好数据行政文化意识培养

只有具备大数据思维才能在激烈的国家竞争中获取主动权，因此在政府公共管理模式创新中，应做好数据行政文化意识的培养。例如，在政府公共管理工作中，应学习、引入、使用数字化思维，在决策过程中可结合收集、整理的数据，通过有效分析，为决策提供科学可靠的数据指导、帮助。为了确保数字政府公共管理模式建立的有效性，一是要在政府公共管理工作期间通过使用数据平台，做好公众对政府实际需求信息数据的智能收集、整理；二是要及时整理、解析相关信息，寻找有价值的数据信息，完成推导预测；三是要结合推导、预测结果，制定、完善政府决策方案。以上模式通常被称为预测模式。

（二）重视专业数据统计技术创新人才培养

数字政府公共管理模式创新过程中需要以人才为驱动力，因此必须做好数据统计技术专业创新人才的培养。在培养过程中，除了要重视个体人才培养外，还要建立政府公共管理团队。在具体操作中，一是应积极培养数据统计技术创新人才，如为政府公共管理部门内部相关人才提供外出学习、接受培训等机会，进行专业数据分析员、架构师等创新型人才培养；二是打造数字管理团队，如在培训的优质人才中优中选优，组建数字管理团队，健全团队管理机制，发挥团队力量，为数据的发掘、运用提供保障。

（三）实现数字政府公共管理模式构建，提高政府数据信息透明度

当今世界，数据信息以指数爆炸形式快速增长，政府部门只有做好数据库的构建、运用，才有助于数字政府公共管理模式的创建、完善。一是政府应设计、开放政府—民众交流平台，如开通政府微信公众号、政府官方微博等，鼓励、引导民众在政府公共管理中建言献策，提高政府公信力，拉进政府与群众的距离；二是政府要实现数据信息内部共享，如在各部门之间完善数据信息共享网络，提高数据信息应用效率，杜绝信息“孤岛”的出现。

（四）健全有关的法律法规，为政府公共管理模式创新提供保障

为了保证数字政府在公共管理模式创新中提高数据信息的利用效率，必须健全、完善有关大数据的法律法规体系，保证在工作开展过程中有据可依、有法可

依。同时，面对国内网民数量不断增加的现状，为了有效应对个人信息泄露等网络数据安全问题，更应健全数据信息发掘、运用等相关法律，保证与大数据有关的一切行为在法律的约束下进行，以此有效保护国内网络信息安全与公民个人的合法权利。我国政府要积极学习先进网络安全管理模式及经验，结合我国社会的实际情况，制定、完善与国情相符的大数据法律法规。另外，应根据数据使用情况等，进行产权归属与保护、数据存储、加工等法律法规的完善与改进，使其满足数据使用需求。法律法规的制定也要切实符合国情需要，以实现大数据技术的科学应用，保护用户隐私，实现网络安全建设。

（五）通过对数据的利用，建立政府公共管理监督体系与数据资源共享平台

第一，政府要建立健全公共管理监督体系。在具体操作中，政府可购买先进的计算机设备、软件，引入大数据技术等，完成专业数据库的建立，赋予其收集公众意见、信息等功能，安排专业数据人才负责数据分析、处理、公开等工作。同时，应为人民群众提供监督政府工作的渠道，保证政府公共管理工作开展过程中民众能够实现监督权与参与权。

第二，构建数据资源共享平台。政府公共管理创新工作开展期间，应运用海量数据资源构建原始数据资源共享平台。同时，要公开处理与个人隐私、国家安全有关的基础数据，确保用户可以有效运用基础数据。通过构建数据资源共享平台，可增强公共管理监管效果、提高各部门资源共享及使用效率、降低数据资源利用成本、保证数据运用的时效性。

综上所述，数据资源急速增长给国家、社会发展带来了机遇，政府部门应积极建立、完善数字政府，大胆运用大数据技术及资源等，做好政府公共管理模式创新，以此提高政府公共管理效能。

第二节　面向公共价值创造的数字政府建设

一、公共价值的概念内涵、范式观点与战略三角模型

（一）公共价值的概念内涵与公共价值管理范式观点

1995 年，美国哈佛大学肯尼迪政府学院资深教授莫尔在其专著《创造公共价值：公共部门的战略管理》中第一次提出了“公共价值”这一概念。他认为，公共管理者的首要职责不是确保政府组织的延续，而是根据环境情景的变化，发现、定义和创造公共价值。该理论提出后，引发了学术界的热烈讨论，之后经过学者的完善，最终发展成为公共价值管理理论，形成了新的公共行政学范式，指导西方国家公共管理改革和实践，取得了明显的成效。

由于公共价值的内涵非常宽泛和抽象，至今还没有统一的定义，甚至有些学者认为无法给出实质性的定义。莫尔在其著作中也没有给出明确的定义，但是他认为公共价值具有强烈的情境性，公共管理者可以根据自己的理解对不同的公共价值的次序进行排列。我国学者何艳玲根据伊斯顿提出的政治系统价值权威性分配的效用论和莫尔提出的公共价值的主观期望属性，把公共价值的内涵界定为：公民对政府期望的集合，是公民获得的一种效用。该定义具有一定的代表性，对于理解公共价值的内涵非常有帮助。

在莫尔提出公共价值理论后，后来的学者开辟了不同的研究路径，逐渐形成两大流派，即公共价值实体论和公共价值共识论。公共价值实体论学派认为，公共价值是“看得见，摸得着”的，能够满足公民的主观偏好和带来效用的实体，人们不仅可以通过测量公共价值的实现程度来评估政府的绩效水平，还可以根据实体属性对公共价值进行一定的分类。如政治价值，包括秩序、民主、责任、自由、平等、公正等；经济价值，指通过经济活动创造商业价值，满足顾客需求等；社会文化价值，指社区福利共同体，人们对真、善、美的追求，促进人的全面发展等；生态价值，指减少污染，促进人类可持续发展等。公共价值共识论学派认为，公共价值来自公民的集体偏好。集体偏好是用来满足公民需求的，公民把普遍关注的基本需求通过自下而上的表达机制告诉公共

管理者，公共管理者经过审慎的选择，与公民达成共识，从而产生了公共价值。公民、政府和其他利益相关者通过互动、协商、博弈和谈判的方式对公共价值进行社会建构。

公共价值实体论和公共价值共识论分别从结果和过程的视角对公共价值进行分析，实际上两者不是严格的界限分明，而是具有很多共性。第一，具有多元性。现代社会公众偏好多种多样，公共价值也呈现多元化且不断变化。另外，多元性还体现在多元主体的共同参与方面。第二，具有公共性。公共价值体现为一种为公的价值，是公民集体协商的结果，表现为非排他性、不可分割性和共享性，这一方面严格区别于私人价值。第三，具有竞争性。由于公共价值的多元性，竞争性就不可避免，公共价值实体论学派认为多元的公共价值可能存在对立关系，不可能同时实现。公共价值共识论学派认为公共管理者在资源稀缺的情况下会优先考虑他们认为更重要的公共价值，可能与公众所期盼的不一致，另外多元主体参与公共价值建构也会发生竞争现象。

从理论渊源上看，公共价值管理理论是治理理论的发展，在发展过程中，其越来越表现出新的内涵，逐渐发展成为一种新的公共行政学范式。通过与其他公共行政范式的比较，公共价值管理范式可以总结如下：第一，更加关注集体偏好。以往的公共行政范式视公众为顾客，认为顾客的偏好可以叠加，对顾客的偏好进行回应。公共价值管理范式则认为必须对公众的集体偏好进行回应，公众的集体偏好依赖政治协商机制表达。第二，重视政治的作用。以往的公共行政范式是典型的管理主义和工具主义去向，奉行严格的政治行政二分法。公共价值范式却认为政治始终贯穿公共管理过程，尤其重视公共管理者的政治影响力，认为政治可以超越局部利益的限制，有效地创造公共价值。第三，推行网络治理。虽然以往的公共行政范式引入了市场机制，已经打破了以政府为中心的管理模式，但是在治理主体多元化和网络化程度上还不够充分。公共价值管理范式推行网络治理模式，认为政府不是唯一的公共价值生产者，需要与企业、社会组织和公民等其他主体形成互联互通的网络结构，联合生产公共价值。第四，重新定位民主与效率的关系。以往的公共行政范式认为民主与效率是难以统一的，政治行政二分法就是让政治负责解决民主问题，官僚机构负责解决效率问题，但是由于委托代理问题，官僚机构在执行政治家的意图过程中会发生偏差，损害公众的根本利益。公共价值管理范式重新审视了民主与效率的关系，认为民主与效率并不是不可调和的矛盾，而是一对伙伴关系，公民广泛参与公共政策制定，网络治理主体之间相互学习和联合生产，可以实现民主与效率的兼得。

（二）公共价值战略三角模型

莫尔将公共价值管理理论运用于公共管理实践，提出了著名的战略三角模型，该模型是由公共价值战略目标、授权与支持环境和运作能力三部分组成的三角形框架，如图 5-1 所示。公共价值战略目标是战略三角的起点，具体指政府部门根据公共价值理念确定组织使命与愿景，规定了未来需要完成的任务和实现的目标，对于公众来说是公民集体偏好的排序，对于政府部门来说是可以用于量化绩效评价的价值指标体系。授权与支持环境是指政府部门通过持续的对话与协商争取的政治和法律上的支持，以及多元行动主体互动形成的网络联系。运作能力是指组织提供的生产公共价值所必需的各种资源，保证组织雇员和公共管理者拥有足够的执行力，以保障公共价值的生产能力和效率。在该模型中，公共管理者居于核心地位，传统的公共行政范式强调政治行政二分法，政治家是政治系统的权威，公共管理者忠实地执行政治家的命令，而在公共价值战略三角模型中，公共管理者具有更大的政治责任，他们需要积极主动地与政治家和公民进行协商，以获取更多的政治支持和配套资源。他们还要关注组织内部能力建设，不断提高组织雇员的执行力，并占据政策网络中的结构洞，整合所有可以利用的资源，提高组织的运作能力。同时他们还要努力化解价值、环境和能力之间的冲突，使三者处于均衡和匹配的状态。总之，在公共价值管理范式中，公共管理者的工作更具有主动性和挑战性，他们要充分发扬公共精神和创造精神，发挥公共价值的领导作用，在整合所有资源的基础上以最小的成本完成公共价值创造的使命。①

① 郭高晶．面向公共价值创造的数字政府建设：耦合性分析与实践逻辑 [J]. 广西社会科学，2022（7）：35-44.

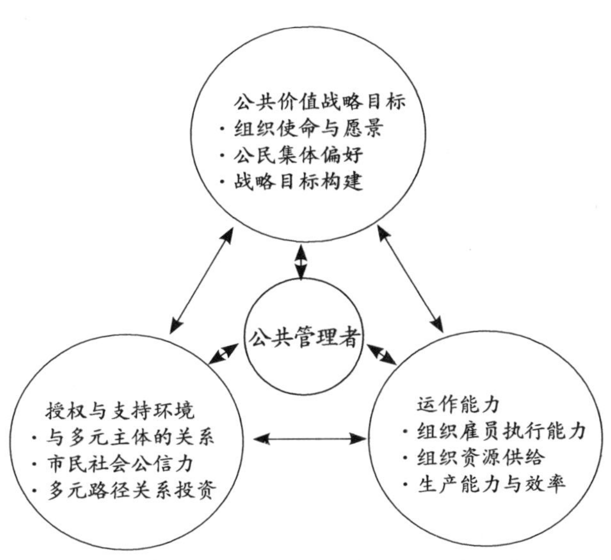

图 5-1 公共价值战略三角模型

二、公共价值战略三角模型下我国数字政府建设的实践逻辑

数字政府建设是我国建设网络强国、数字中国的基础性和先导性工程。为了更好地实现政府数字化转型，促使我国数字政府建设水平走在世界前列，基于数字政府建设与公共价值创造的耦合性分析，我国各级政府可以公共价值管理的战略思维来推进和实施数字政府这一国家重大部署。根据公共价值战略三角模型，我国数字政府建设的实践逻辑包括数字政府公共价值战略目标管理、数字政府授权和支持环境的营造、数字政府运作能力建设三个互相联系的闭合循环。在这个过程中，公共管理者居于核心地位。

（一）以公共价值创造为导向，彰显数字政府建设的使命与愿景

公共价值战略三角模型的起点就是确定公共价值使命与愿景，以此引领数字政府建设活动。具体来说，要贯彻以人民为中心的发展思想，在技术赋能下掌握公民的公共价值需求，基于公共价值的视角对数字政府绩效进行量化评价，以确保公共价值的使命与愿景贯穿数字政府建设的始终。

在数字政府建设规划中贯彻以人民为中心的发展思想。广泛的公共价值认同与思想共识是数字政府建设顺利推进的前提。数字政府建设的复杂与艰巨需要以渐进策略推进，然而在数字政府建设规划中需要明确公共价值创造的使命与愿景，激发各级政府部门为人民群众的获得感、幸福感和安全感进行改革的决心，这是

建设数字政府的内生动力。传统电子政府的信息化建设“以职能为中心”，而数字政府的信息化建设必须“以人民为中心”，另外，公共价值的社会建构性要求政府要利用各种形式加强对数字政府公共价值创造的宣传教育，用公共价值观引领社会思潮、凝聚社会共识，使公共价值创造成为建设数字政府的强大精神动力。宣传教育的作用与目标就是使公共价值创造内化到数字政府建设所有参与者的意识之中，做到内化于心和外化于行。

在技术赋能下全面、准确理解和掌握公民公共价值需求。公共价值创造的第一个环节就是公共管理者要确认公民的基本公共价值是什么，以往政府一般采用民意调查、听证、座谈等方式，这些基于样本数据从局部到整体的逻辑推理模式得出的关联关系往往是不全面和不客观的，大数据技术手段使得全样本调查成为可能，通过“全样、实时、巨量”的大数据深度挖掘和相关性分析，可以全面掌握公民的基本公共价值需求状况，准确把握企业与人民群众办事的难点、痛点和堵点，运用物联网技术可以自动透彻感知公民的公共服务需求，运用情感分析技术洞察公共服务需求的差异，实现公共服务供给精准化。在技术赋能下全面、准确地理解和掌握公民的公共价值需求状况，能够为公共价值生产奠定坚实的基础。

基于公共价值对数字政府绩效进行量化评价。政府数字化转型的成败在于是否有效地创造了公共价值，为了更好地达成公共价值创造的使命，需要基于公共价值对数字政府的绩效水平进行考核评价。我国地域辽阔，经济社会发展水平不一，公民的基本公共价值需求存在一定的差异，首先地方政府借助高级信息通信技术全面深入了解公民的基本公共价值需求信息，运用数字协商技术与相关利益主体在公共价值供给方面达成共识。根据制度理论，技术在实施和执行之间存在一定的“鸿沟”，作为执行的技术在产生公共价值时不一定会符合人的预期。基于公共价值构建数字政府绩效评价量化指标体系，对数字政府生产的核心公共价值进行测量，通过分析两者的匹配性和一致性程度科学评价数字政府绩效水平，有助于分析数字政府公共价值失灵的原因，为未来数字政府绩效改进提供决策支持。

（二）助力支持保障，构建数字政府建设的网络治理体系

公共价值管理强调网络治理模式，为了更好地反映公民的集体偏好，应该积极争取所有利益相关者的支持与配合，从而构建数字政府建设的网络治理体系，为公共价值营造良好的政治环境。

1. 党政“一把手”担任数字政府建设的总指挥

与以往的研究范式不同的是，公共价值管理重视政治的作用，因此在数字政府建设中，地方党政“一把手”应亲自担任数字政府建设总指挥，把数字政府建设视作重要的政治任务贯彻实施。国内外很多研究指出，领导的重视对电子政务和数字政府建设绩效发挥了重要作用。根据公共价值管理理论，公共价值领导是公共价值管理的重要内容，在数字政府建设中党政“一把手”应该在治理网络中发挥公共价值领导作用，占据和成为治理网络的结构洞。公共价值领导的核心不仅在于决策，更重要的是分享公共资源，授予其他主体创造公共价值的权力，在治理网络中发挥元领导者的角色，帮助其他主体形成公共价值愿景，激励其他主体将公共价值愿景转化为公共价值使命，与其他主体一道构建公共价值共识，减少数字政府建设中的公共价值冲突。

2. 动员多元主体参与，形成数字政府治理网络

与以往公共行政范式不同的是，公共价值管理范式把实践建立在对话、学习、交流和协作的基础上，呈现网络治理的特点。政府数字化转型是一项巨大的系统性、耦合性工程，在公共价值创造使命的感召下，彼此资源依赖的多元主体要相互学习、交流、互动、协商和博弈，形成数字政府建设的政策网络，网络治理主要包括两方面：一是政府内部跨部门、跨层级、跨地域的协同，打破边界壁垒，重构组织模式和业务流程，打造一个协同有序的整体政府；二是政府要实现与企业、非政府组织和公民等社会主体的共建共享，在数字政府建设中政府在财力、人力和技术等方面都非常有限，应积极探索“政府主导＋市场化运作＋社会参与”机制，采用外包方式将数字政府项目委托给企业，在确保数字安全的前提下，充分开放数据吸纳社会力量创建数字服务平台，提供数字服务，不仅可以减轻数字政府建设和运行的负担，还可以提高政府治理效能，共同促进数字生态链建设，形成数字政府治理网络。

3. 加强公民隐私保护，保障公民对数字政府的信任

现代信息技术在提高行政效能、提高公共服务质量的同时，也增大了公民数据暴露的风险，如何加强公民隐私保护，直接影响到公民对数字政府的信任水平。政治信任是公共价值重要内容，直接关系到政府合法性问题。当前，在我国在数字政府建设中，关于公民隐私保护的法律和技术体系还不完善，极易出现公民隐私遭受侵犯问题，严重影响公民对数字政府的信任水平，容易衍生治理危机和政

治危机，因此在数字政府建设中必须把公民数据保护作为重中之重。政府应始终把公民数据保护放在政府数字化转型的中心位置，我们也可以借鉴相关经验，如成立专门的公民隐私和数据保护协会，制定数据安全使用标准和准则，将其强力嵌入数字治理和服务的全过程。由于信息技术更迭升级非常快，要经常审查和动态更新数据安全标准，在数字政府项目正式投入使用前对其数据安全性进行评估，不断开发新的信息安全防护技术以为数据保护提供技术保障。

（三）夯实能力基础，补齐数字政府建设短板

根据公共价值战略三角模型，为了更好地建设数字政府，政府必须具备充足的资源和相应的管理能力。具体来说，要提高公务员的数字素养、加大对高级信息通信技术基础设施的投资，打造数字政府运行平台对于夯实能力基础，补齐数字政府建设短板具有重要作用。

1. 提高公务员数字素养水平

数字政府的治理效能在很大程度上取决于公务员的信息技能，比如我国一些地方花费巨额资金引进了数字政府项目，但是公务员仍然习惯传统的操作方式，数字政府系统得不到充分的利用，即使利用了效果也不理想，一个重要原因就是一些公务员的信息技能比较差，无法匹配数字政府治理要求。现在高级信息技术人才比较匮乏，政府不得不面临与企业竞争的局面，为了给数字政府发展储备人才力量，政府应该设立专门的数据职位，配以良好的薪酬待遇，增加职位的吸引力，使政府成为数据人才事业发展的理想场所。尤其对于大数据局等专门的信息部门，要招揽和聘请高级信息技术人才，来担任大数据、区块链、物联网、人工智能等前沿信息技术工作。部门领导人的数字素养对于部门的信息化发展至关重要，要着力提高部门领导人的数字素养水平，使其具备数字领导力，统筹全局的数字化建设。除提高部门领导人的信息素养外，还要加强对所有公务员数字素养的培训工作，通过与高等院校合作，培养他们的数字治理理念、数字思维、数字沟通能力和提高数字业务水平，在职位晋升中把信息技能作为重要参考因素。还可以通过外聘的方式柔性引进高级信息技术人才，做到“不为我所有，但为我所用”。

2. 加大对高级信息技术基础设施建设的投资

数字政府建设的突出特点是新一代高级信息通信技术的深度应用。在数字政府建设领域，高级信息通信技术基础设施是一个比较庞大的体系，主要包括通信网络基础设施、算力基础设施和新技术基础设施三大部分，不同基础设施之间互

相关联，互相协同。因此，政府要同时加大对以物联网、工业互联网、5G为代表的通信网络基础设施，以数据中心、智能计算中心等为代表的算力基础设施，以人工智能、云计算等为代表的新技术基础设施的投资，使三种基础设施交叉融合，相互支撑，打造优良的数据生态链，显著提高数据的全链条处理能力，加大高级信息技术对数字政府的赋能力度，从供给侧角度打通数字政府建设的梗阻问题。统筹推进不同地区之间基础设施建设的协同发展，提高中心城市与周边城市群信息技术基础设施互联互通水平。

3. 打造平台驱动的数字政府建设模式

近年来，部分国家纷纷提出平台驱动型的数字政府建设思路。对我国而言，应该基于高级信息技术基础设施，打造广泛联系政府、企业和公众等多元主体活动的数字政府平台，在该平台持续实现数字资源的能力化和数字能力的共享化。数字政府平台由政务服务平台、协同办公平台、政务中台和公共数据平台构成，四大平台互相衔接、互相依赖和互相促进，共同构成了数字政府的基本架构。

第三节　数字政府公共价值创造的理论分析与实践逻辑

党的二十大报告中提出加快建设“数字中国”，打造“智慧城市”。“数字政府”是发展“数字中国”和“智慧城市”的重要举措，对加快转变政府职能，建设法治政府、廉洁政府和服务型政府，推进国家治理体系和治理能力现代化具有重要意义。当前，我国数字政府建设围绕政务服务“一网通办”、社会治理“一网统管”、政府运行“一网协同”等业务板块不断拓展。许多地区或部门正通过数字化手段致力于实现跨层次、跨区域、跨部门业务的高效协同。我国数字政府发展推动了公共治理全流程、全周期的数字化转型，实现了政务活动的高效化、共享化、集约化、敏捷化，有力推动了政府绩效与公共服务效能的提升，突出了以人民为中心、为人民群众创造更好服务体验的公共价值导向。

一、数字政府公共价值创造的分析框架

（一）理论基础

公共价值是一个集合了公民对政府期望的框架，是公共部门提供的公共服务

与公众需求相匹配的建构过程。随着数字政府成为新的政府治理范式，公共价值理论和数字政府研究深度融合，数字政府在提升政府治理能力与改善公共服务绩效等方面的公共价值引起了广泛重视。有学者指出，数字化提高了政府服务质量，降低了财政成本，提高了公共政策和政府项目的有效性。数字政府不仅改变了政府与社会、企业之间的关系，并且对抑制官僚机构腐败，完善国家治理和可持续发展也发挥了积极作用。学者们还认为，数字政府有利于满足公众在线自助服务要求，增强决策过程的透明性，提升利益相关者对数字政府的信任度。然而，数字政府也可能增加公众行政负担，制造新的数字鸿沟与群体间的不平等。

第一，基于不同视角对数字政府公共价值维度进行界定，衍生出了多种分类体系，如哈里森等将政府行为与道德伦理信仰相结合，提出一个综合了效率、有效性、专业化、透明度、参与和协作的公共价值框架。刘银喜和赵森认为，数字政府的核心目标在于推进以公民为中心的公共服务，在提高管理效率的同时改善公民服务体验，提高公民满意度。罗斯等在总结广泛文献的基础上提出了一个包括专业、效率、服务和参与的公共价值。

第二，在数字政府公共价值的创造路径方面，莫尔的战略三角模型为后续研究提供了理论基础。该模型由公共价值战略目标、授权与支持环境、运作能力三个部分组成。大量研究从运作能力入手，分析公共价值的创造过程。韩啸和汤志伟揭示了技术同化对公共价值创造的驱动作用以及数字政府能力在技术同化与公共价值创造之间的中介效应。此外，组织的战略规划、资源配置、部门创新等管理能力也被认为是数字政府价值创造的核心动力，只有敏捷地识别环境的变化和公众需求，规划设计项目快速高效地将资源运作到数字政府活动中，才能有效提高组织效率，提高服务质量和公众满意度。科尔德拉和坦皮尼从“价值共同创造”视角出发，提出公共价值应由众多个体共同创造，而价值创造的重点应从服务生产转移到满足公众期望和目标所需之上，政府、市场和公众在内的多元主体合作生产是数字政府公共价值创造的重要路径。沿着合作生产的视角，克罗斯比等指出了民众参与对于公共价值创造的重要性，认为政府部门需要在充当数字政府战略企业家的同时，着重关注公民对公共服务的诉求，通过让公民参与协同创新过程推动公共价值创造。

（二）分析框架

总体上，当前学者对于数字政府公共价值内涵的理解还存在分歧，特别是对中国数字政府价值定位缺少充分的界定和分类，且重点聚焦于服务与效率这两个维度，对其他价值缺乏系统的分析总结。更为突出的问题是，对中国数字政府公共价值创造过程与机制等问题的研究落后于实践。基于此，有学者结合数字政府公共价值分类和公共价值创造过程的相关理论，提出了数字政府公共价值创造机制的分析框架。

数字政府公共价值表达的是数字政府建设潜在的目的和动机，学者们基于不同视角提出了衡量公共价值观不同维度的概念框架。罗斯等人构建的数字政府价值框架提出了四类价值取向，即效率、专业、服务与参与。这个划分具有高度的概括性和综合性，也得到了数字政府公共价值研究的广泛运用。基于此，本书梳理了数字政府四类公共价值的基本内涵。

第一，效率性始终是数字政府建设的主要目标之一。效率性价值是指通过数字化降低政府行政成本，减轻公众办事的行政负担，提高政府行政效率。效率价值深刻嵌入公共价值管理范式中，其核心理念是引进市场化、企业化手段改革公共部门、提高行政效率和政府绩效。尽管数字政府是对新公共管理运动的超越，解决了新公共管理运动中科层制碎片化问题，但仍然继承了其对效率和绩效等价值目标的追求。

第二，专业性是指通过数字化提高政府行为的规范性与合法性，强化监督问责。专业价值与传统科层制原则相联系，如强调专业分工和行政过程按规则办事。数字政府一方面要提高行政流程的效率性；另一方面又不能偏离行政过程合法性这一基本伦理准则，并且通过现代信息技术的介入进一步提高政府活动的公正性，从而提升政府的公信力。

第三，服务性是指利用数字化渠道提高公共服务质量，提升公民获得感与满意度。服务价值是公共价值关注的焦点，公共价值理论对新公共管理、新公共服务等理论的超越就在于强调公共服务关注的核心不是政府生产了什么，而是能否满足公众需求，服务供给与需求是否有效匹配。数字政府的基本责任就是倾听公民的声音，对公民需求作出回应。

第四，参与性是指利用数字化手段拓宽公众参与渠道，加强政民互动，让公众融入数据驱动公共服务优化的全流程中，使公众也成为服务的设计者、参与者、推动者和获得者。在数字政府公共价值管理中，公共价值的创造取决于公民与政府之间的良好关系以及共识的建立，打破公共部门对数字服务生产过程的垄断，推动包括公众在内的多元主体协商和决策，实现多元主体的价值共创。

上述四类公共价值在实践中如何创造？在公共价值管理理论中，战略三角模型是受关注最广泛、最具代表性的分析框架，为公共价值创造实践提供了分析和诊断框架，它强调价值目标、支持环境与运作能力三者的重要性。其核心是公共管理者为了价值创造的目标应当学会观察和利用环境，通过各种方式获得上级的认可与政治支持，同时不断提升运作能力，如此才能达成公共价值创造的使命。

首先，公共价值战略目标是战略三角模型的起点，本书将其细分为四个维度，即效率价值、专业价值、服务价值与参与价值。其次，在完成目标界定后，政府部门通过充分调动内外部资源以获取来自政治、法律、社会各方面的支持与政策倾斜，确保数字政府项目获得更大的合法性，为公共价值战略目标的实现营造良好的“授权环境”。基于既有研究，本书将合法性支持划分为两类：第一类是来自上级政府或本级政府决策者的高层战略部署或决策支持；第二类是来自数字项目实际应用部门的支持，如工作人员、部门数据、基础设施等方面行政资源供给与支持。最后，“运作能力”是指组织提供的生产公共价值所必需的各种资源，保证组织雇员和公共管理者拥有足够的运作能力，以数据共享能力、合作生产能力等为关键要素。其中，数据共享是实现公共价值最大化的重要途径，政府通过数据开放和自下而上的数据共享，促进公共数据的有序流动，提升政府治理绩效。合作生产能力重构了公共服务生产过程的多元主体关系，突出了公共服务生产的网络结构。合作生产的资源整合过程即公共服务的价值创造过程。公共价值管理网络的有效运作不仅依赖以政府为核心主体的权威系统，也越来越多地依赖公众、市场、非营利组织等多元主体间的合作。①

二、数字政府公共价值创造的实践逻辑

下面以某市智慧财政系统为例进行阐述。

随着财政业务量的急剧增长以及财政预算管理体制改革的需要，财政部门原有的金财系统弊端逐渐显现。金财系统是一个各自为政、独立分散的系统，各区财政系统之间信息“孤岛”、信息“烟囱”现象突出，无法满足跨区数据共享的需要。随着财政体制改革不断深化，原来金财系统中的业务流程和系统架构设计已

① 吴进进，林向勐，金红．数字政府公共价值创造的理论分析与实践逻辑 [J]. 东南学术，2024（3）：149-160.

不再适用，系统维护难度加大，系统和数据安全问题也不断涌现。

智慧财政系统致力于打造“阳光财政”和“廉洁财政”，系统几乎覆盖了财政全量业务，整个业务流程在系统上都会留下痕迹，这使得所有的工作环节更加透明可监督，对财政资金运行全过程实时监控，实现了财政管理规范性、透明度和可溯性的“专业性”价值。效率价值也是智慧财政系统设计的重要目标，智慧财政系统是对金财系统的全面替代和升级，旨在实现预算编制、执行、决算、财务报告全过程闭环管理，提高资金支付效率。

智慧财政系统的专业性与效率价值依赖上级部门给予的行政资源支持。智慧财政体现了政府希望重构财政系统，创建全国财政现代化样本的目标和决心。领导高度重视智慧财政系统，将其作为“一把手”工程推进，专门成立了“智慧财政”建设项目领导小组，由市财政局局长担任组长，其他局领导担任副组长，各区（新区）财政部门、各处室和局机关直属单位主要负责人为成员。在系统建设中投入了大量资源，市财政局开展“智慧财政”市区一体化部署，成立财政局信息中心和智财办，协助各区智慧财政系统上线。领导小组定期召开领导小组会议，研究重大事项，做好日常管理工作。凭借充裕的资源支持，市财政局建立了集成性系统平台和统一的业务规范和技术标准，实现了制度化、流程化和标准化管理，对预算项目全生命周期进行动态监控，保障资金使用安全透明。

政府与科技企业的合作生产与跨部门数据共享也是智慧财政系统公共价值创造的关键。智慧财政系统打通了分散的多个财政业务子系统，将财政系统与综合财务管理系统（市国库支付中心）、政府投资项目管理系统（国家发展和改革委员会）、公共资源交易平台（市交易集团有限公司）、网上商城等信息平台的数据和流程进行衔接，把原分散在各个系统的业务统一集中在智慧财政平台上，实现了业务系统互联互通。智慧财政汇聚了市区财政乃至财政业务外延的数据，打通了全市的财政数据网络，各区财政、银行、发改等投资项目评审部门，各预算部门也都参与了智慧财政系统建设。各个部门都实现了本系统与智慧财政系统的对接，或者与智慧财政的下属子业务系统的融合，这也是智慧财政系统运作的基础。有了智慧财政系统之后，全市联通，所有的单位都可在这个系统里面支付、预算编制等。

第四节　数字政府公共价值嵌入机制的多维思考

一、数字政府公共价值嵌入机制的理论基础

从理论发展角度看，数字政府公共价值嵌入机制的核心问题是“公共行政是政府的艺术与科学和管理的艺术与科学的联姻”。其范式涉及效率、责任制、目标的获取和大量的其他管理方法的技术实现问题。同时，现代公共管理理论的发展进一步将实现社会公共价值作为其核心目标。而在数字政府建设中，采取技术和科学的理性思维方式成为学科研究的基本范式特征。如何有效运用作为信息通信技术分析框架的算法，将规范制度、组织形态与技术路径三个要素融合，关键在于数字政府建设中如何实现治理目标与治理路径之间的价值理性和工具理性的统一。应当将研究的重点放在公共利益在数字政府建设中组织架构、技术路径的实现等关键性问题上，从而充分体现数字政府可持续推进的价值内涵。

（一）数字政府公共价值的理论基础

政务信息化及数字政府的建设过程，体现的是政府流程的信息化、数字化的再造过程，呈现一种人文因素和技术性因素双重作用的结果。但传统行政管理范式认为，公共管理属于决策和执行的“事实领域”，而价值判断伦理学属于哲学和道德的“政治领域”。在行政性理论基本范式中，以效率为中心的价值目标和政治与行政二分价值定位成为行政学研究的重要指引，其核心观点强调要把行政视为一种独立于政治之外的通过工具方法进行管理的过程。而公共管理理论之所以从政治学体系中分化和独立出来，在某种程度上也是由公共管理的技术理性决定的，从而使行政管理理论分析范式呈现工具理性特征。但当代公共管理理念的构建是以工业化社会向后工业化（信息社会）转型的特殊历史时期为背景的，其带来的基于信息的发展技术引起的社会组织和行政机构巨大变化，成为历史发展的必然趋势，信息技术层面“提升行政合理性”成为当前公共管理理论研究的主要议题之一。在此时代环境和技术背景下，新公共管理范式及其发展，对于前述绝对价值中立和价值无涉的公共管理思想进行了修改和完善。从范式转换的角度理解，新公共行政并不否定逻辑实证主义，而是主张运用其科学与分析的技术，而

且有助于分析、试验和评估，特别强调将公正、效率等价值理念融入行政价值观的理论体系，并且坚持认为影响公共管理的首要要素乃是政治，即“欲理解和培养公共行政之精神，就必须懂得政治，理解政治”。

（二）数字政府公共价值的内涵

行政管理的技术发展形态不是中立性的存在，而是一种政治性和价值性的。在新公共管理实践影响下，公共利益成为行政实践和行政价值生成中的根本标准和指针。但是，如何“利用价值的共同领导来帮助公民明确表达和满足他们的共同利益，而不是试图控制和掌控社会新的发展方向”则成为公共管理理论研究的难点问题。这是因为，公共利益作为界定行政价值取向的根本性因素，发挥着重要的导向和指引作用。相应地，对于公共利益的取向也成为行政价值的判断而发挥着决定性作用。特别是在算法等先进技术的加持下，“由各种机构及相关人员构成的错综复杂的网络”被赋予了高效精准管理手段，治理能力科学化水平得到进一步提高。虽然公共价值创造是政府的重要理论，但在现实中鲜有研究者从公共价值创造角度解读数字政府治理。因此，对于公共价值的形成机理和运行机制特殊性问题，有学者指出“数字技术非人格化、非情感化、非主观化的特征，使其作为有效克服治理过程随意性和主观性的重要工具，成为政府治理改革和发展的必选项”。那么，这种形式上所谓非人格化和非情感化的管理工具，是否可以完全脱离主体层面的因素影响而独立存在？对于前述问题的回答，关键问题在于数字政府建设的“技术面纱”下隐藏着政务系统设计者的主观意图，看似技术中立的政务算法自动化决策实际在自动运行中实现平台对结果的设计和预见。无论是系统的设计研发过程中价值理念的植入，还是算法的实施与执行最大限度地维护公共利益，人类理性都是算法底层逻辑的道德基础，算法的底层指令和代码归根结底是人类的思考方式的展现。因此，在实践运行层面，如果政务算法在开发和实施过程中忽视了公共价值的重要意义，一定会加剧数字政府建设中公共价值的实现困境问题。①

（三）数字政府公共价值的特征

公共价值理论的形成、跃升、创新对公共管理理论研究而言意义重大。公共管理活动本身的根本内涵在于强调公共权力既是一种工具，也是一种价值。这是

① 褚尔康．数字政府公共价值嵌入机制的多维思考 [J]. 领导科学，2023（1）：132-136.

因为，公共利益只有在群体及其复杂的利益整合过程中才能实现。公共管理赖以生存的社会背景是独特的文化与理智两种力量的结合体，使公共价值的实现机制不能够完全像自然科学一样运用抽象的逻辑分析方法进行分析。从传统理论角度看，系统分析只能提供工具性的方法，但不能直接呈现方法所蕴含的价值取向。即使行政管理理论研究的科学化和技术化路径特征越发凸显，也绝不能将行政管理活动本身简单物化成为追求效率的纯粹技术性活动。但是，在大数据环境下政务信息的流转和行政决策的作出，均依靠相应的技术手段收集和处理数据，依据相应的数据处理结果制定相应的决策。而这种对大规模政务数据的处理无法完全依靠自然人个体行为进行判断，必须依靠机器算法最终作出决定，即“数据主义将政治、经济、历史和个体生活等视为数据的收集与处理”。换言之，这种基于原始数字形态的“0/1”代码如果不通过复杂的特殊的方式将无法被自然人观察到，即如果不依照某种以数据为对象的规制进行解读，其将成为没有任何实际意义的电子信号。只有经过算法的解释和构造，以数据形态表征的世界才能成为可计算、可认知的世界。算法将主体行为化作纯粹的数据，将主体活动的描述化作纯粹的计算行为。算法作为信息技术发展的核心，其伦理问题直接关系到整个计算机科学领域的伦理问题。但是，由于“算法规则所执行的价值观念和赋权方式隐匿在暗箱之中”，单纯研究分析政务算法的公共价值本身并无现实的实践意义。只有将数字政府治理创造公共价值的实践路径落脚于价值体系的建构和实现路径的具体选择上，才能真正指导数字政府建设的实践活动。因此，只有进一步确保政务算法的公共价值的实现，才能最终实现公平、公正的治理目标。

二、数字政府公共价值嵌入机制的运行机理

从技术层面看，数字政府运行的过程，“并非我们的自我将被编成代码，而是我们被世人所知的方式将被编成代码”。在行政管理的价值范畴与程序代码形态之间进行伦理问题的推理，不仅涉及技术层面两者之间相互关联的问题，更重要的是涉及学科发展方法与范式转换的重大理论问题。而从理论与实践相结合的角度理解，以公共价值创造为关键目标的数字政府治理理论框架，则进一步为分析数字政府治理模式的创新提供了新的视角。

（一）公共价值寓居的数字化空间

从信息哲学角度思考数字政府建设的本质，可以理解为数据空间的产生是基

于任何直接存在之物的，即通过外化信息场来显示自身存在的原理，也即数据空间就是一个具有内在结构和表征事物状态的存在形式。随着信息技术的发展，一个电子化、独立于物质世界的“数字世界”正在大数据和云计算的互动中迅速构建。此时，通过底层架构的信息技术手段与工具化处理，在数据库中以结构化或非结构化形态记录存储的数字化信息，逐步演变为相对独立于实体事物运行的“数据化”关系存在。这种以数据为载体的信息分析范式和规制形态方式正在从根本上改变公共管理的模式。数据分析模型对真实对象的简化以及表征作用，使政府在管理过程中能够将各种复杂现象和问题化繁为简，并按照相应的数据处理模型进行针对性的解释和处置。因此，“数据化”不再局限于科学和技术意义上的数字化，而是特指人类行为和社会活动数据的建构化，即将社会行为转换为在线量化数据的数字化空间，而这也成为数字政府公共价值寄居的环境。随着信息社会发展、数字范式从技术形态向解释模式形态的转换，算法已经脱离计算结果过程和方式的范畴，其本质在于通过某种计算步骤作用于输入数据从而获得确定性的输出结果。而在这种转换过程中，一切遮蔽都被数据分析揭示，人的情感、意志和价值要素也变成了可量化的数据形态。也就是说，在一系列的数据代码背后是算法主体的行为目标和价值选择。

（二）公共价值运行的数据化过程

从前述环境特征分析可以看出，所谓数据就是一切以电子化形式对世界的记录，一切都被数据记录和分析，建立在数据智能之上的社会正在走向解析社会。数据与存在如影随形，甚至可以说“数据就是存在”“世界等同于数据”。因此在数字政府时代，行政相对人将以“数据化”的信息方式存在。而这种存在方式的前提是相关算法体系的建构。这是因为算法的生成过程就是计算机根据预先设定的程序从庞大的数据集合中提取特定数据对象的过程。换言之，算法已经成为从数据获取到存储处理的整个序列流程，成为人工智能时代平台架构和运行的方式，是收集数据和挖掘数据价值的重要生产工具。而从本质上理解，算法作为权力社会运行的一种形式，通过占有信息控制另一方主体获得信息的渠道和权力。此时，以算法部署和应用作为调整对象，设置平台运行的规则体系，是数字政府建设的关键。现代公共管理就像一台复杂的机器，需要可靠的机制使它运转起来。管理者通过数据库的形式将管理对象转换为数据信息形态进行管理活动，而决策系统则是对数据形态的管理对象行为活动进行决策处理，能否有效利用信息就成为行政管理活动能否高效运行的关键。通过相关行政管理活动数据信息的分析和处理，可以对行政资源的有效配置提出科学方案。此时，技术本身并没有超脱于现实，即“数据库的建立、普及以及数据库存取的管理制度，包藏着政治性质的问题”。因此，算法本身蕴含着规范性，而且这种规范性塑造着社会。此时，算法通过对数据的获取、处理与结果输出，演化为社会行为和模式的调整与建构力量。也就是说，技术越来越对行政行为本身产生深刻的影响，它在本质上改变着行政管理活动的内容和结构、运行与活动方式、目标与价值体系。

（三）公共价值表征的代码化形态

公共利益是高度抽象化的概念，而现实世界是十分具体而复杂的，如何让一个简单而抽象的概念来统领一个具体而复杂的世界则更为复杂。因此，有学者认为，“很难想象人类社会的公共利益支配都将归集为一串具有强大计算和预测功能的机器代码。”那么，作为算法载体的代码能否蕴含价值判断？回答前述问题的关键，在于探索政务算法“公共性”价值的“代码化”形态是否可行的问题。这是因为，围绕算法规则形成及其影响社会运行的特征，数字政府公共价值的嵌入机制研究将不仅聚焦作为其载体和结果的计算机代码，同时也包含影响这一载体和结果形成相互作用的机制形态。因此在数字政府运行体系中，传统公共管理价值体现的机制将更加呈现技术化特征。而从算法的外在形态看，代码是其根本的载体形式，需要“通过符号和隐喻的发展与运用来进行公共行政的理论建构”。因此，要通过对数据信息的加工和改造，创造出新的概念和符号信息，从而在现实中通过信息结构的异化性建模，达到对事物或过程进行研究的目的。但现实情况是，算法的底层指令和代码归根结底是人类的思考方式的展现，在这一逻辑前提下，算法价值分析的构成就还原为对于算法主体行为的价值判断的过程。“算法作者的价值观，无论是否有意，都被冻结在代码中，有效地制度化了这些价值观。”即不仅算法运行应当嵌入体系化的公共利益规范，更重要的是，算法结构本身也蕴含着价值。根据上述分析可以看出，算法代码不可避免地带有算法实现者自身的价值判断。在相应数据被融合进既定算法体系的同时，公共价值也融入了算法的制定和实现过程中。那么，从技术运行路径层面看，算法模型的构建是主体根据现实数据结构特征以及自身价值取向所进行的一种有意识的技术人工物创造过程。而在这种人工物的形成及其自主性行为的创设实现过程中，人工智能“道德嵌入”的分析机理尤为重要。算法的实现者将代码环境的算法隐性地嵌入社会权力运行的结构，以“持续控制形式”渗入日常社会互动中的微观层面。

三、数字政府公共价值嵌入机制的技术路径构建

从前文论述可以看出，算法本质上是一种建立于信息与数据之间的关系，是一种基于数据处理机制的结构与功能属性。算法的结构体系创造了不同信息之间的诸种关系，这些关系通过数据之间的关系实现了对于现实客观存在的调整。在数据表象所带着的客观、不偏不倚的特征状态下，算法运作的价值形态技术化实现的路径与方式成为关键性问题。社会公共利益的实现绝不是一种修辞或一个口号，而是一个由定义和概念组成的复杂结构。如何解决算法嵌入社会权力运行而形成的“算法权力”的异化现象，继而如何有效降低算法所产生的潜在公共性价值风险等问题，成为当前数字政府建设领域所关注的重要议题。政务算法的实际运行过程意味着，工具理性或某种自主性技术力量与掌握这种力量的主体和被这种力量所掌控的主体休戚相关。此时，算法作为技术“黑箱”虽然在一定程度上隐藏了算法设计者主观想法，但绝不能混淆代码与设计者主观意图之间的界限。公共价值的实现不仅在于浅层次的算法运行层面的结果追溯，更重要的是算法设计层面的价值考量。作为数字政府建设主导者，各级政府有责任运用好这些新的方法和技术来更好地对公共事务进行控制和引导，通过关口前移等准备活动，确保算法实现者在算法开发中将安全、公正等公共价值理念植入算法代码，最大限度维护数字政府运行的公共利益和安全。价值在算法运行过程中无法简单地显现，必须通过对算法本身的结构性分析和解读才能获得合理性的解释。但在实际运行过程中，算法实现与使用者在算法设计和运用过程中，往往事先并不清楚算法运行过程的技术性偏差或公共价值可能存在的偏离。那么，如何有效实现政务算法公共性监督机制效果？有学者提出，应当为公众提供算法系统部署前表达诉求的机会，引导公众参与算法的制定，了解算法运行的规则，增加算法的透明度，让政府部门和算法研发人员积极与公众进行沟通。但是，算法机制运行与公权力特征的契合是以技术化为依托的，其对行为人的行为预测无法被公众知晓和解读。在现实中，算法技术的复杂性阻碍了公共管理者与他们服务的公民进行真正的沟通，导致这种基于算法功能性的分析对于源代码的审查性和解释性技术要求较高。现实中，由于社会公众缺乏对算法源代码及其编译过程的技术性理解能力，无法对算法运行过程是否违背公共利益进行有效的监督与制约。特别是对于专业化极

强的政务算法而言，即使获得源代码也无助于公众对于算法设计思路和主观意图的理解。为了解决前述问题，建议按照现代信息技术发展趋势，通过“伦理子程序”实现人工道德智能体。将特定人群认可的价值观与道德标准程序化为道德代码，嵌入人工智能系统，同时内置道德决策场景的指导性抉择标准。此时，算法监督者在算法中增加算法的伦理维度判断，让算法进行伦理化的分析和解读。但这种方法需要融合遗传算法、连接主义、学习理论等新一代信息技术方法，并且需要建立跨越包括数学、计算机、社会学和法律等学科领域的研究理论体系，从而在复合型理论视角和技术路径层面促进数字政府的公共价值嵌入机制的实现。

参考文献

[1] 鲍静．数字政府治理 [M]. 北京：高等教育出版社，2024.

[2] 常永华．公共管理学 [M]. 西安：陕西师范大学出版总社，2019.

[3] 陈志刚．可信任的治理 以数字政府推进国家治理能力现代化 [M]. 北京：北京联合出版公司,2023.

[4] 翟云 .2022 塑造数字中国丛书 走进数字政府 [M]. 北京：国家行政学院出版社，2022.

[5] 关晓铭．公共政策分析 [M]. 石家庄：河北科学技术出版社，2022.

[6] 韩莹莹，张佳慧．公共政策学 [M]. 广州：华南理工大学出版社，2022.

[7] 吕守军，魏陆．公共经济学 [M]. 上海：上海交通大学出版社，2021.

[8] 斯亚平．服务型政府公共管理教程 [M]. 北京：中国传媒大学出版社，2004.

[9] 王丽．公共管理理论与实践 [M]. 哈尔滨：黑龙江人民出版社，2009.

[10] 王琦，张静．数字政府 [M]. 北京：北京邮电大学出版社，2020.

[11] 王玉明．公共管理：理论与实践 [M]. 广州：广东人民出版社，2008.

[12] 赵京国．公共管理理论与实践探索 [M]. 长春：吉林人民出版社，2021.

[13] 中国行政体制改革研究会，组织．数字政府建设 [M]. 北京：人民出版社，2021.

[14] 褚尔康．数字政府公共价值嵌入机制的多维思考 [J]. 领导科学，2023（1）：132–136.

[15] 高宇．浅谈数字政府的公共管理模式创新 [J]. 佳木斯职业学院学报，2020（4）：268–269.

[16] 郭高晶．面向公共价值创造的数字政府建设：耦合性分析与实践逻辑 [J]. 广西社会科学，2022（7）：35–44.

[17] 林婷．“政府治理能力现代化”内涵解析 [J]. 厦门理工学院学报，2015（2）：94–99.

[18] 牛国兰．大数据与政府公共管理决策的探析 [J]. 现代营销（创富信息版），2018（12）：117.

[19] 彭松婉．基于“互联网 + 政务服务”的地方电子政务建设 [J]. 人才资源开发，2021（3）：35–36.

[20] 孙宗锋，秦瑞楠．数字政府建设的理论基础、热点议题与发展趋势 [J]. 西安交通大学学报（社会科学版），2024（1）：42–51.

[21] 王文跃，谢飞龙，李婷婷．“一网通办”助力数字政府建设 [J]. 中国电信业，2023（11）：63–67.

[22] 吴进进，林向劼，金红．数字政府公共价值创造的理论分析与实践逻辑 [J]. 东南学术，2024（3）：149–160.

[23] 张冬梅，闫利光．加速地方政府数字化转型的对策研究 [J]. 北方经贸，2021（9）：9–11+157.

[24] 张小雨 . 新媒体时代政府公共管理方式的对策探讨 [J]. 农家参谋，2018（19）：295.
[25] 李萌 . 融媒体在政府公共管理中的应用研究 [D]. 重庆大学，2020.
[26] 刘晓昕 . 政府数字治理能力评估指标体系构建研究 [D]. 南京大学，2021.
[27] 马楠 . 整体性治理视域下地方政府数字化转型研究 [D]. 中共黑龙江省委党校，2023.
[28] 王梦锐 . 数字政府建设的法治进路研究 [D]. 辽宁大学，2023.
[29] 王天伟 . 电子政务环境下的政府公共管理方法研究 [D]. 大连理工大学，2008.
[30] 吴磊 . 需求锚定、结构赋能与平台耦合：数字政府建设的实践逻辑 [D]. 吉林大学，2022.
[31] 肖晓 . 数字政府背景下政务数据共享的监督机制研究 [D]. 吉林大学，2023.
[32] 杨玲 . 大数据视域下地方政府治理创新研究 [D]. 西南大学，2020.